U0034491

何謂中日戰爭

天皇之言：日本輕視了支那

纐纈厚◎著

申荷麗◎譯

杜繼平◎審校

國家圖書館出版品預行編目資料

何謂中日戰爭：天皇之言「日本輕視了支那」
　／ 纐纈厚著. -- 初版. -- 臺北市：人間,
2010. 03
　　面； 公分
參考書目：面
ISBN 978-986-6777-15-8 （平裝）

1.中日戰爭　2.中日關係　3.帝國主義

628.5　　　　　　　　　　　　99004345

何謂中日戰爭？──
天皇之言：「日本輕視了支那」

著◎纐纈厚

出版者　人間出版社

發行人　呂正惠

社長　藍博洲

地址　台北市長泰街59巷7號

電話　02-2337-0566

郵撥帳號　11746473・人間出版社

印刷　承印實業股份有限公司

電話　02-2641-8661

登記證　局版台業字第三六八五號

初版　2010年3月

定價　新台幣180元

何謂中日戰爭？
——天皇之言：「日本輕視了支那」

前言

昭和天皇的話

最近，相繼披露了記載有關昭和天皇的證言錄。2007 年 3 月 9 日公佈的原天皇侍從小倉庫次的日記是其中之一。小倉侍奉在天皇的左右，這本日記可以說直抒胸懷，詳盡地記錄了他的心聲。

在該日記中，特別使我感興趣的是昭和天皇的中日戰爭觀。例如，1940（昭和 15）年 10 月 12 日，記有昭和天皇如下的談話：

「支那的強硬出乎意料，對事變的預測完全是錯誤的，特別是連擅於軍事的陸軍竟也觀察有誤。由此，今日各方面都有反響」（「『小倉庫次侍從日記』昭和天皇戰時真言」《文藝春秋》2007 年 4 月特別號）

對此，現代史學家半藤一利附加了這樣的解說：這體現了昭和天皇對深陷沼澤的中日戰爭的悔悟之意，抒發了對當初陸軍樂觀的預測的強烈不滿。

不過，我對此的看法略有不同。

值得注目的是「支那的強硬出乎意料」這句話。在陸軍開始對中國發動全面戰爭之時，向天皇稟奏中國不堪一擊，昭和

1

天皇聽納其言。由此在開戰當初，對一舉擊敗中國，勝券在握，一直是深信不疑的。

日軍在盧溝橋中日兩軍發生衝突（1937 年 7 月 7 日）的翌日，即將情況轉達天皇。在當時的陸軍中，認爲「中國懦弱」的軍事官僚們在陸軍省以及總參謀部的中樞部門掌握著實權。

他們持樂觀的論調，認爲只要給中國一擊，從華北地區一帶到內蒙古地區就應該落入日軍手中（《河邊虎四郎回憶錄：從市之谷到市之谷》（每日新聞社、1979 年）。

昭和天皇最終不是與他們也持有相同的判斷嗎？昭和天皇自身低估了中國的抗戰能力或者說中國自身的力量，我認爲這從上述言談中明顯表現出來。

我對這一證言尤其關注是因爲，我認爲這不僅僅是昭和天皇、陸軍以及日本政府，可能也是當時所有的日本人對中國的共同認識。

在翌年（1941，昭和 16）1 月 9 日的記載中，昭和吐露了因低估中國的懊悔之言，「日本輕視了支那，應該儘快停止戰爭，奮發 10 年，增強國力」。

在這裏，「輕視了支那」的主語是「日本」，這同時不就是意指昭和天皇自身嗎？另外，這也許是對自身錯誤地評估中國所表現出的焦躁，以及對錯誤地稟報信息的陸軍所顯示出的不滿。再進一步想像的話，可以說在對英美開戰的前一年，昭和天皇就早已有預感，認定對中國之戰終究會戰敗。

接下來，以下幾處也值得注意。這是對英美開戰的第二年，即 1942（昭和 17）年 12 月 11 日記錄的事項。

昭和天皇出行京都之際，對小倉等身邊侍從說，「自己不想發動支那事變，因爲蘇維埃令人畏懼，並且，根據所得到的

信息，戰爭開始的話，支那不是那麼容易被擊敗。不會像滿洲事變那樣」。言中之意好像顯露出意識到戰敗的心境。

在中日全面開戰後，只經過 3 年多，昭和天皇就預料到了勝敗歸屬。爲準備對蘇聯之戰，把中國當成了確保提供資源或者攻擊蘇聯的軍事基地，而沒有制定壓制中國的目標，這種沮喪的情緒不加隱瞞地流露了出來。

實際上，正如昭和天皇所預見的，與中國的戰爭已陷入泥沼。爲打破這一難堪局面，導致了 1941 年 12 月 8 日決意對英美開戰這一歷史事實。這一決斷可謂「愚蠢的行爲」。

之所以斷定其爲「愚蠢的行爲」，有必要加以說明。既然昭和天皇能夠預料到戰爭必將失敗，那麼爲何還不停止對英美之戰呢？這也是一大問題。

加以，昭和天皇認爲對中國之戰是危險的、沒有獲勝的希望，這些對小倉庫次侍從所言的思慮，爲什麼沒有向周圍其他人直接傳達呢？

不難想像，以昭和天皇的地位來看，對此確有難言之隱。昭和天皇自認須尊重明治憲法的立憲君主制，國家政務應由內閣的國務大臣負責，身爲天皇不宜干預國政，即使陷於這種艱難境遇，但明治憲法明訂天皇具有獨斷而不受牽制的軍隊最高統帥權，事實上具有專制君主的權力，難道身爲專制君主想要逃避戰爭指導責任嗎？或者這還是天皇自身的決斷力不足所促成的結果呢？

對此各方所見不一。但是我認爲踏入了中日戰爭的日本，已經身陷戰爭的巨大激流之中而一籌莫展，而且，包括天皇在內誰也沒有能力阻止這一戰爭洪流。一旦踏入戰爭，要想中途停止是極其困難的。這是選擇了戰爭國家的狀態。

因此，在本書中特別想要提出考慮的問題之一就是，中日全面戰爭開始之初，即便是能夠接觸到各方面信息情報的昭和天皇，對於中國之戰也持有樂觀的看法。當時這種大多數日本人抱有的樂觀態度，以及對中國的認識是怎樣形成的呢？

正因當初對中國之戰持樂觀的看法，昭和天皇日後才在言談裏不由自主地表露出困惑以及意外的失望等情緒來。

那麼，這裏不禁要問，日本人對中國的認識究竟是怎樣形成的呢？事實上，如果不面對這一問題的話，我想也就不能夠解答何謂中日戰爭這一問題，這也是貫穿本書的重要課題。

另外，在此所說的中國觀，日本人即使時至今日也未必能夠導正澄清。日本政府或者日本人的對外認識往往是主觀的、自以為是的態度，不斷因襲過去的認識傾向。

也就是說，對不可能實現的問題，僅僅圖自身的便利而有急於做出判斷的傾向，缺乏耐心的交涉和對話精神。

我一直在思考，如果不正視日本人所持的中國認識觀，要掌握中日戰爭的原因、以及評價這場無謂的戰爭，都將是極其困難的。因此，我認為有必要對引發盧溝橋事變的原因、1930年以後日本的對中國政策，以及日本人對中國的認識觀念重新加以探討和評價。本書前半部的第一章和第二章就此進行了論述。

重看中日戰爭

另一個重大的問題就是，戰前日本人對中國的認識也象徵對整個亞洲的認識，這點如今的日本人也以多樣的形式繼承了下來。為了消除其中蘊含的偏見和誤解等，也有必要再次重新

評價中日戰爭。

我認爲昭和天皇所持有的中國觀以及對中國戰爭的錯誤判斷，同樣也引發了對英美的戰爭。在與英美開戰前後，由於長期與中國作戰，加強了對作爲戰爭資源或者軍需基地的臺灣、朝鮮殖民地的統治，並在此基礎上進而擴展了對菲律賓、印尼等東南亞諸國的軍事佔領、軍事統治。

由此，本書意在以中日戰爭爲媒介，就有關日本人對中國的戰爭意圖以至所導致的結果，重新加以探討和評價。

近代日本國家形成後，日本在對英美戰爭中第一次體驗到戰敗的滋味。在此次戰敗之前，戰爭的歷史可謂連續不斷。

也就是以臺灣出兵（1874 年）爲開端，甲午戰爭（1894-1895 年，又稱第一次中日戰爭；日本稱日清戰爭），日俄戰爭（1904-1905 年），第一次世界大戰（1914-1918 年）等一系列的對外戰爭不斷重演。其中，還強行出兵西伯利亞（1918-1925 年）。

此外，還有涉及義和團事件的北京出兵（1900 年），濟南事件（1928 年）以及山東出兵（1927-1928 年）等。

以上這些戰爭以及出兵幾乎都是以中國爲標的物的。以這些戰爭以及出兵爲踏板，戰前的日本國家膨脹和發展起來了。但是由於戰敗，通過實力發展的邏輯遭到失敗。

由此，有必要在追溯這些歷史過程的同時，努力加深理解所謂戰敗的歷史事實和歷史認識。基於這樣的問題意識，本書同時將中日兩國政府以及國民看待歷史的不同方式與思維觀念作爲中心題目來加以論述。

爲了確認歷史事實，需要一定的客觀根據，同時又涉及看待歷史事實的態度這一棘手的問題。

　　即使是作爲第三者的立場看待歷史事實，當關係到其個人的生存價值和存在時，也會出於自身的考慮而避開，這樣的情況好像並不少見。無論對歷史事實的認識程度如何，由於不願去加深歷史認識，也就不能從歷史事實中汲取教訓，或者有時根本不想從中汲取教訓。

　　所謂歷史事實和歷史認識，我認爲兩者應該是表裏一體的。同時，又是關係到自身存在去考慮和把握的問題。

　　本書再次提出「何謂中日戰爭」，正是爲了通過歷史的回顧使人們進一步加深對歷史事實的認識和思索。

　　過去以至今日擺在中日兩國之間的「歷史問題」，依然阻礙著兩國的政治外交關係，我認爲其根本在於有關中日戰爭的歷史事實和歷史認識的課題還未得到解決。中日之間的分歧實際上是以中日戰爭爲事端而引發的。

　　自臺灣出兵開始，經過甲午戰爭、滿洲事變之後，事實上兩國進入戰爭狀態，進而由於盧溝橋事件導致了中日全面戰爭。由此演繹而來的中日戰爭到底是怎樣的一場戰爭呢？對此加以探討具有很大的意義。我認爲，作爲步入了現代國家的日本人，應該面對中國，對這場戰爭不斷地進行檢討和反思。

　　在各個領域進行著這種對戰爭的檢討和反思。但是，我認爲首先應該明確的是，在這場值得反省的戰爭中，日本究竟是跟誰的戰爭？敗給了誰？確定這樣的歷史事實，並且根據現在的視點去加以認識，抱有這樣一種態度是極其重要的。

　　本書後半部分的第三章和第四章，闡述了我個人對這些問題的認識和思索。其中也包括這一感觸和認識：與中國作戰，日本的戰敗可以說是近代日本國家發動的一切戰爭的「戰敗」。

　　近代日本國家所孕育的國家體制以及國民的對外認識，特別是在對中國的認識方面，事實上潛藏了支持發動戰爭這一國家暴力的原因。可以說戰爭的原因和失敗即歸結於這樣的對外認識，尤其是對中國抱有的偏見和誤解。這也是貫穿本書的主題。

　　另外，首先想要明確的是，通常所謂中日戰爭，是指自滿洲事變為起點直至日本戰敗為止的戰爭，又將其特指為「中日15年戰爭」。但是，本書中所指的，是從臺灣出兵開始一直到日本戰敗為止、連續不斷的中日之間的戰爭。

　　當然，本書主要還是以中日 15 年戰爭為主要對象加以探討，但為了從整體上掌握日本以及日本人對中國的認識，故延長設定了中日戰爭的時期。

【第一章】

訪問現代中國

1. 交叉的過去和現在

面對歷史的原點

這是距今大約 20 年前的事情。1986 年 8 月至 9 月期間，我去中國旅行。

先是到了北京，之後又去了武漢、南京、上海等幾個大城市。此次旅行最主要的目的是去參觀當年開館的南京大屠殺紀念館（正式名稱為：「侵華日軍南京大屠殺遇難同胞紀念館」），同時參觀在南京市內 13 個場所建造的屠殺紀念碑址。希望能夠瞭解碑址上所刻錄的碑文的內容。

剛剛開館的南京大屠殺紀念館、筆者、1986 年 9 月 4 日。

　　紀念碑各具獨特樣式和不同風格，當時慘遭殺害的中國死難者人數等都詳細地鎸刻在碑上。

　　其中有件事情至今深刻地留存在我記憶中，難以忘懷。那是去參觀長江沿岸名叫下關的停船場附近的紀念碑址，在其碑前所發生的事情。

　　當我對著紀念碑調整焦距想要拍照時，發現碑上有胡亂塗寫的字體。我無法辨認那些塗寫的內容，就向陪同我一起來的中國外交部的人員詢問寫的是什麼意思。當時只見他面帶爲難的表情，邊擺手邊說「不用了吧」，禮貌委婉地避開了。這麼一來，我反而更加想要知道那塗寫的文字究竟是什麼意思。

　　過了一會兒，我便又向另一位年輕的翻譯請敎，他向我解釋說，上面寫的是「就是建造了這麼壯觀的紀念碑，我那被日軍殘害的丈夫也不能死而復生啊」。

　　將侵華日軍殘暴的記憶留存在紀念碑上，遺族以塗寫內心的感慨來抒發無法忍受的悲痛。當時外交部的人員對我的提問避而未答，也許是顧慮到我能否理解這一行爲。

　　建造紀念碑的形式與把歷史事實作爲文獻和資料留存於後世有所不同，高近 3 米用混凝土建造的紀念碑矗立在人們常常能夠看到的地方，使人們總是不斷地目睹歷史事實，感受那段悲痛的回憶。回想起來當時我站在碑前，自己內心也充滿了極其複雜的情感。

　　雖然贊同建立紀念碑的意義，但是觸景生情，由此也就觸發了那位遺族婦女不由自主地抒發深藏於內心的悲哀吧。每當我在面對和講述過去那場戰爭歷史時，紀念碑前的經歷以及那位婦女抒發的悲傷和感慨就總是會浮現於我的腦海。這一體驗，成爲我論述中日關係史時的原點。

在日本和中國悠久的歷史交往中，兩國之間與「戰爭」相關聯的時期可以說畢竟是短暫的。但是，那場為時不算太長的中日戰爭殘虐了大量的中國人、而由此遺留下無數的遺族，就像在紀念碑上抒發悲傷和感慨的婦女一樣，戰爭留給人們內心的創傷是難以撫平的。那場悲痛的戰爭史，即使對於我們日本人來說，也如同針刺般深深地刺痛著內心。

中日戰爭使中日間關係完全斷絕了。1972 年 9 月 29 日恢復了中日邦交，這對兩國來說無疑在政治經濟等領域都帶來了新的轉機。

中國現在正持續迅速的發展和實現近代化，妥善處理與日本的關係是十分必要的。對日本來說，則希望中國增加在韓國和東亞方面的市場，形成新的經濟發展的基盤。

在政治方面，日本方面也從跟隨美國一邊倒的外交路線，不斷加強和重視對中關係，並不得不重新考慮與美國的關係。在這

南京下關紀念碑前、1986 年 9 月 7 日。

種形勢下，通過 2008 年 5 月胡錦濤主席的訪日，進一步促進了中日兩國在政治和經濟等領域關係的交流和發展。

中日關係方面，一直流行著「政冷經熱」之說。目前似乎正逐步從這種沉重的氣氛中解脫出來。但是，在相當一段時期，那場戰爭扎下的針刺一直被擱置了下來。對於戰後的日本人來說，由於擱置不理的時間過於長久，那種刺痛的感覺已經淡漠了，在思想意識上對有這段針刺的史實也逐漸變得麻木不仁。

我長期從事中日關係史研究，由此曾閱讀參考了大量的有關文獻和史料。但是，我面對的不僅僅是這些文獻和史料，我一直在思索，永遠都不能忘卻那些在中日關係史中被擺弄和被迫犧牲的人們，尤其是捲入中日戰爭被殘虐殺害的無辜的人民。

現在回想起來，這種心情和思索也許就是在南京下關紀念碑前的體驗而觸發產生的。雖然意識到摻雜個人的體驗和感情來敘述歷史是晦澀和危險的，但我深深感到對於敘述中日戰爭的歷史來說又是極其必要的。

換句話說，歷史是通過人的感情而記錄、從而也被記憶下來的。那麼，如果不能正視那些被歷史擺弄的人們的感情的話，也就不可能正視歷史。

在盧溝橋邊

2003 年 9 月，為出席中國社會科學院日本研究所主辦的國際研討會，時隔很久我再次訪問了北京。當時已經確定北京將主辦 2008 年奧運會，這座城市正在進行著大的改觀。以舉辦

奧運會爲契機，北京一定呈現出更加嶄新的面貌。

我坐在計程車上，望著車窗外磚瓦建造的街邊房屋一片片地被拆除的景象，車在因施工凸凹不平的道路上顛簸行駛，朝著架在永定河上的石橋盧溝橋駛去。大約 70 年前，這座橋址，成爲中日兩軍展開軍事衝突的現場。那是 1937（昭和 12）年 7 月 7 日。日本將這一歷史事件稱之爲盧溝橋事件，中國則稱其爲七‧七事變。

我抵達盧溝橋時，看到永定河的水已經乾涸了，河中雜草叢生。草叢中靜靜地停放著幾艘遊覽用的小船。此種景色給人一種宛如時間停止的錯覺。

盧溝橋兩邊有具有不同臉面的石獅像，等間隔矗立著，極其美觀。在這座美麗的石橋上展開的槍戰，之後被命名爲引發「中日全面戰爭」、中日之間真正的戰爭開端，這是當時誰也沒有預料到的吧。

盧溝橋事件發生在 1937 年 7 月 7 日夜間，駐紮在北平（現在的北京）西南部豐台的日軍步兵第一聯隊第三大隊第八中隊在永定河附近舉行軍事演習中，據云禍端起於「從中國軍隊陣地的某個方向射來實彈」。但是事情的真相並不清楚。

是誰、又是爲何目的而放射實彈的呢？至今依然有諸多說法。

已經明確的是，以這一來路不明的子彈爲理由，日本軍隊向中國軍隊發起了攻擊。從而，中日兩軍爲處理事件而進行交涉，日軍中樞也因處理事件的態度不同出現了明顯的內部對立。

而由此引發的更爲嚴重的問題，就是來路不明的槍彈，最終發展成爲中日全面戰爭。

在此有必要提出兩點疑問。一個是，儘管來路不明的槍彈沒有造成損害，但為什麼日軍要對中國軍隊發起攻擊呢？第二個就是，為什麼日軍駐紮在中國的首都近郊，並伺機向中國陣地發起攻擊呢？此問題雖單純，卻意義重大。

戰後日本近代史研究面對這一事實進行了認真探討。不僅是歷史研究者，許多日本人也曾對此抱有極大的關心。雖然把握問題的視點與日本有所不同，在中國也同樣引人關注。

但是現代的日本人對這些問題的關心已經開始淡漠了。而中國雖然在取得革命勝利後，作為「愛國教育」的一環特別加強了歷史教育，但隨著時間的推移，也同樣對那次戰爭的記憶變得模糊了。尤其是中日兩國的青年層中表現得更為明顯。

我這麼思索著，在石橋上來來回回地漫步。在道路施工建築拆除的喧嚷聲中，只有這座石橋保持著原有的樣子，好像在努力地向後世如實地訴說著 70 年前所發生的歷史事件。

站在盧溝橋上看著流水乾涸的永定河，我再一次問自己，究竟何謂中日戰爭？並試圖想尋求解答。甚至萌發一種迫不及待的心情，希望在永定河的水開始流動之前要找出解答。

在盧溝橋上兩軍發生衝突，宣告了中日全面戰爭開始。可以說早在此之前日方就已有所預謀和策劃準備。

近代日本在同歐美列強的競爭中，果敢地加入了對近鄰中國進行資源與市場的爭奪戰。為此而保持了強大的軍隊、大量地增加軍事官僚，從而使軍事機構逐漸龐大。

在盧溝橋事件中，日軍開始向中國軍隊發起攻擊，並在此之前駐紮在中國首都近郊，這些行動結果都是近代日本國家所具有的侵略思想以及侵略主義所決定的。

追溯歷史，以 1900 年發生的義和團事件為契機，日本獲

得了駐軍權。事實上，自那時起日本就伺機壓制中國。經過了幾場戰爭之後，日本駐軍以盧溝橋為據點，決定推進和實現壓制中國的夙願。這同時也導致了日本開始步入歧途，走向戰敗之路。

自盧溝橋事件開始到日本戰敗為止，當時日本軍部指導者以及很多日本人，究竟是如何看待中國以及中國人的呢？對擁有遼闊土地和眾多人口的中國抱有怎樣的意圖呢？日本在與中國的交戰中，又是怎樣迫不得已地改變的呢？

在回顧日本現代史時，作為日本發展和失敗的歷史，中日戰爭正好處在其轉捩點上。突出軍事力的近代日本發展史，最終以戰敗而終結。對這一歷史事實，有必要以現在的視點重新進行評價，再次探討近代日本的發展歷程。

「反日運動」和「愛國教育」

2005 年 3 月到 4 月期間，在中國各地，所謂的「反日運動」此起彼伏，令人記憶猶新。據說這一運動是從 3 月末廣東省省會廣州市的學生，反對日本成為聯合國常任理事國的聯合簽名活動開始的。

如今回顧這場「反日運動」，不禁聯想起戰前期的「五・四」運動（1919 年）和「五・三○」事件（1925 年）。

1915 年 1 月 18 日，日本政府（當時是大隈重信內閣）強加給中國《二十一條》的不平等條約，並在第一次世界大戰期間從德國手中奪去山東的各項權益，中國要求日本解除《二十一條》、歸還山東權益，但在第一次大戰結束後締結的《凡爾賽和約》仍未能實現中國的要求。1919 年的「五・四」運動就

是在此背景下，北京學生發起的強烈反日運動。1925 年的「五·三○」事件則是針對上海的日本紡織廠施行歧視性勞務管理而引發的一次大眾反日運動。

自日本對中國不斷呈露強硬姿態的明治年間起，這一系列的運動屢有發生。以工人和學生為主掀起的上述兩項「反日運動」，被認為是對中國政府的對日政策具有極大影響的劃時代事件。

自這兩項「反日運動」之後，中國民眾的對日感情日趨惡化。從「反日」到「排日」，進而到中日全面戰爭開始後逐步上升到「抗日」。中日全面戰爭開始以後，在「抗日」的名義下，中國民眾投入了打敗日本侵略者的抗日戰爭。

將 2005 年的「反日運動」與戰前期的反日運動進行單純比較，也許應該慎重。但是，一般認為這是戰前期培育的中國人對日本的所謂歷史感情，通過某種行動表現而噴發出來。

可是，現在日本政府以及日本人不在意中國人所抱有的歷史情感，不加體諒。比如，有種流行的說法就是，此次事件的原因是中國國內由於驚人的經濟發展加大了貧富差距，一部分對此抱有不滿和積怨的人受到煽動驅使而掀起了「反日」遊行。說這是中國政府為了擱置中國國內的諸多矛盾，而策劃的「官製遊行」。

也有日本媒體以及許多被稱之為知識人和評論人的發表看法，他們批評說，中國的「反日暴動」是中國人自文化大革命以後推行的所謂「愛國教育」的結果。

「愛國教育」是中國政府為喚起中國人民的國家意識而實施的一大政策，通過展示和學習抗日戰爭勝利等歷史事實，以更好地喚起中國人的新的國家意識。總之，通過不斷地加強歷

史教育統一歷史認識，以增強中國國民的一體感。

的確，中國和日本一樣，都使用國家規定的教科書（日本稱爲審定教科書，實質上是國家規定的教科書）。中國教師用的指導書中十分明確，「使學生學習抗日戰爭英雄們的愛國精神」，達到「愛國教育」的目的。鑒於此，把「愛國教育」和「反日教育」結合在一起，我認爲多少是牽強附會的。

那麼，發生「反日運動」的背景是什麼呢？我個人認爲，把「反日運動」、或者「反日示威遊行」故意當成中國國內問題來考慮，將不能充分地把握事態的眞相。

在中國，城市青年中已經形成了廣泛的網路社會。青年們通過網際網絡（internet）就廣泛多樣的話題進行大膽的交流。在生活經濟環境急劇的變化中，自己本身以及周圍的人們漸漸變得富裕，都是有目共睹，可以感受到的。即使國家不進行教育，作爲中國人的自尊和國家意識觀念也會自然地不斷得到增強。

特別是，中日之間經濟關係的發展極其密切，如何把握與日本的關係、保持怎樣的距離，可以說是中國青年面對的難題。雖然是複雜的問題，但又不能採取曖昧的態度，可能這就是中國青年共同的對日認識。

在此，也可以說是最大懸案的歷史問題，由於優先考慮經濟發展和政治關係，而一直被擱置了起來。日本、中國都鑒於各自的國內狀況，暫且將對歷史問題的關心或者追究放置下來。

中國青年們果斷地推開歷史問題的大門，要求日本反省侵華歷史，以冀從被害意識中解放出來。中國過去一直把與日本和歐美的經濟關係視爲優先於一切，開始達到一定富裕程度的

中國人，對此在重新考慮。

　在這一動向中，對歷史問題的關心突出地表現出來。但是，日本方面只是反覆表示口頭上的謝罪，依然不願正視歷史，對日本政府以及日本人這種不反省的態度，不滿積聚增多也是極其自然的。

　也就是說，日本政府以及日本人不能以明確的態度評價過去的那場戰爭，對此中國青年按捺不住憤慨和不滿，以這次「反日示威遊行」的形式表現出來。

　中國的年輕人有時指著日本人說「小日本」，我認為這決不是像過去那樣帶有污蔑性的感情表現。不過我覺得，在他們結合歷史問題而說出「小日本」時，其中感情上總還是隱含有不滿以及憤怒的一面吧。也許這僅僅是我個人的認識。

與中國大學生的交流

　2007 年 3 月 28 日，我去了西安市，到西安交通大學外語學院訪問並作演講。

　當時，我就有關構築 21 世紀東北亞地域的「和平共同體」的可能性和必要性，並結合歐盟（EU：European Union）事例，進行了演講。

　演講進行得十分順利，但是到了提問的時間，出現了未曾預料的場面。因為我想實話實說地和中國的教師及學生進行議論和交流，而討論的展開出乎我的預料。

　在此，就當時提問的情況作一些介紹。提問之一是包括中日關係在內從東亞全體來看中日關係的未來趨勢，這是一個意義深刻的問題。

　　提問者是位年輕的教師，能說一口流利的日語。

　　他說，「對於將來以中國、日本、韓國等為中心，構築亞洲版的『EU』，我表示贊同。但是，我認為存在兩個問題。一個是，對遺留的歷史問題不加以認識的情況下，作為擔當構築的國家日本，能夠贏得信賴嗎？第二是，如果構成了這一共同體，您認為應該以哪個國家為中心呢？」

　　這樣的提問對我來說並不是新問題。以前我在韓國和臺灣演講時，也常常被問到同樣的問題。之後的 2007 年 9 月去中國訪問，在位於濟南市的山東大學和大連市的遼寧師範大學進行演講時，會場上也有人提出了幾乎與此完全雷同的問題。對於諸如這樣的問題，現在中國的年輕教師以及學生，好像都表現出極大的關注。

　　當時那位提問的教師，對於我所解釋的通過構築亞洲共同

在西安交通大學演講、筆者、2007 年 3 月 30 日。

體創造和平區域等這一觀點表示能夠充分的理解，只是責問日本是否具有這樣的資格。同時，其中也包括提出了戰爭責任的無時效性以及國際性等比較難的問題。

提問的話語中隱含有對日本方面的期待，希望日方痛感戰爭責任，在推行具體相應的政策過程中，能夠抱有眞摯的態度反省和認識過去。

對這一問題，我認爲必須按照前後聯繫加以回答，當時我是這麼講的。

——所謂歷史，如同是連接過去和現在的一座橋樑。而無論在任何情況下，支撐這座橋樑的過去和現在的橋桁必須始終保持同樣的高度，一邊高、一邊低是絕對不行的。

爲了在歷史這一橋上行走，過去和現在這兩個橋桁，必須建成同樣的高度。從這個意義上講，的確好像日本將過去的橋桁建造得太低了。

我們日本人，爲了恢復歷史本來的面目，也必須下決心重新建造這兩個橋桁。這項工程何時結束尚不清楚，我認爲要不斷地做出努力以保持兩個橋桁並行。這是對戰爭責任無時效性這一課題的回應。

另外，關於國際社會廣爲評價和認識的問題，這是贏得國際社會信賴的途徑，對於這一問題，希望按戰爭責任的國際性來加以理解。

接下來回答第二個問題。就是以哪個國家爲中心？我認爲這種想法需要轉變。的確，由於過去的戰敗國德國擁有經濟上的實力，加之努力反省過去戰爭的教訓贏得較高的評價，而在事實上成爲 EU 的中心國。但是，我不認爲，議論哪個國家成爲中心國會有建設性的意義。

　　我認爲，不是採用中心國的方式，而是採取比如輪流交替的方式，輪流擔當中心國比較好。最初兩年是中國，接下來兩年是日本，再往後是韓國，如此輪流交替，這樣做的目的是，即使構築了共同體，實際上並不是僅由一國作代表，其他不去盡力，我認爲共同承擔和構築是十分重要的。

　　即使存在有經濟力和軍事力量方面的差別，但因爲所有的加盟國都是對等的，作爲實現眞正意義上的國際民主主義的場所，應該確立一種和平的共同體。

　　也就是說，中心指導國是你中國、是我日本，是所有的加盟國。這是當然的原則吧。我認爲，如果這樣的構築能夠確立和穩固下去，就不會再度出現不幸的歷史。

　　對於回答這樣的提問，我個人的習慣做法是，不去就其提問直截了當地回答，而是用稍加委婉的說法解釋對應。這次也同樣採取了這種應答方式。

　　聽了這種提問和回答，其他到場的人也接連不斷地開始提出新的問題，討論會場氣氛熱烈。能夠充分感受到中國的青年們，想認眞瞭解中日關係的過去和現在的心情。我本來打算冷靜地對應回答，結果卻引發了熱烈的議論，與會師生們的反響出乎我的意料。

　　在如此熱烈的氣氛中，我深深感到，中日兩國人民之間即使打開了形式上的封印狀態，但如今仍然尙未達到眞誠地敞開心懷進行廣闊討論、交流的程度。

　　當然，未能達到雙方之間進行自由廣闊的討論交流，是由於兩國存在各自的情況。在此想特別指出的是，即便存在各自的原因，中日兩國之間自恢復邦交已歷經 35 年之久，然而兩國之間、尤其是兩國人民之間的自由議論交流依然是極不充分

的。

　　兩國之間進行著大量物資貿易交流，衆多的觀光遊客訪問中國，日本在中國的留學生超過兩萬人，從中國來日本的留學生超過 9 萬人。不僅僅是龐大的物資貿易，同時兩國人民之間進行著大量的交往，如此這般的交往勢態，依然缺乏眞誠自由的交流溝通，其關鍵又在哪里呢？

　　我個人認爲，妨礙兩國人民自由交往溝通的最大問題還是歷史問題。應該將其作爲重要課題，將歷史這一連接過去和現在的橋樑，同時作爲連接中國和日本的過去和現在的橋樑來加以重新認識。

2. 日本人和中國人的歷史觀

兩國青年的意識

　　基於上述認識，我開始考慮以日本、中國以及包括韓國在內的三國青年為對象進行一次問卷調查，探討三國青年有關歷史認識方面所存在的差異。

　　由於爭取到了文部科學省撥付的科研補助經費，很快這一調查計畫得以付諸實施。自 2004 年開始著手進行《關於構築東北亞諸國間信賴關係的展望和課題》的研究專案。該項目成員不僅有日本人，還包括在大學院學習的中國、韓國的留學生參加，共同進行該項調查研究。

　　這項研究對日本、中國、韓國三國青年學生共計 3090 人進行了問卷調查。問卷全部包括 13 個專案，在此，僅就其中對亞洲太平洋戰爭的有關問答結果作一介紹。

　　在中國近 10 所大學，向 1257 名大學生進行了問卷調查（回答人數 1252 人）。問卷最想瞭解的就是，中日兩國的大學生，對中日戰爭抱有怎樣的認識。中國學生的回答，認為中日戰爭是「侵略戰爭」的達 90.6%。

　　與此相對，日本學生（參與答卷的人數為 696 人）中，與此相同的回答占 66.5%。從中明顯看出兩國學生對這一戰爭認識上所存在的差異。

　　從這一數字可以感受到兩國在歷史教育方面的差異。同時是否也可以說是「被侵略一方」和「侵略一方」的差異呢。這

種數字上的差距使人想到動手打人的一方要理解挨打一方的疼痛是困難的。

　　接下來，對於「何謂中日戰爭」這一提問，回答是「無可奈何的戰爭」的，在日本占 14.8%，與此相比中國只占 4.5%。認爲是「無可奈何的戰爭」的理由，在調查結果中沒有顯示。

　　從這樣的回答中，往往可以看出戰爭不可迴避論，甚至也可以說命運決定論，這種迴避深入思考的態度。即使說不上是迴避，也可能缺少判斷的依據，不能立刻決斷。這裏，事實上也顯示了抱有近似於戰爭肯定論的心態。

　　無論如何，中日學生之間對亞洲太平洋戰爭，尤其中日戰爭是日本對中國的侵略戰爭，在認識上具有 24.1%的差異。這一數字出乎我的意料。

　　單從日本學生的答卷來看，回答中日戰爭不是「侵略戰爭」的日本學生占 33.5%。可以說這一數字表示出現在中日兩國青年學生對歷史認識存在的差異。

　　中日兩國學生之間在數字上顯示的這種歷史認識的差異，如果不能夠填平的話，那麼推進歷史和解將會是困難的。我認爲，在一方認定是侵略戰爭，而另一方並不能完全贊同的情況下，事實上是無法深入探討侵略戰爭實質的。

　　如果可能的話，首先中日雙方的學生在侵略戰爭這一點上達成共識，並以此爲出發點，同時探討歷史經緯這一共同作業是不可缺少的。涉及到歷史問題的中日關係，是否可以說依然是在入口處，處於一籌莫展的狀態呢？

　　有關這一點，我通過與中國學生交談也頗有感受。他們反覆地說，爲什麼日本學生不能認識到是侵略戰爭呢？這令人難以理解。處在能夠充分地學習歷史事實的環境之中，但爲什麼

不願接受明擺著的歷史事實呢？這些學生談論時常常抑制不住激動，表情顯得認真而嚴肅。

在「您知道靖國神社是什麼樣的神社嗎？」這一問答中，像這種歷史認識上的差異表現得更加明顯。

日本學生回答最多的是「祭奠戰死者的神社」，占 64.8%（中國學生占 22%），與此對應，中國學生回答最多的是「軍國主義的象徵」，占 71.3%（日本學生占 20.7%）。

兩國學生認識上存在明顯差距。儘管近 7 成的日本學生認識到中日戰爭是侵略戰爭，但卻有近 7 成的人將與「侵略戰爭」密切關聯的「靖國神社」僅僅理解為「祭奠戰死者」的神社。即使日本學生、或者大多日本人能夠認同，但對中國人來說，無論如何是難以接受的。

為什麼，日本人會出現這種認識上的反差？還是缺乏認識的一貫性？參與專案的中國學生反覆提出這樣的質問。

如果從另外一個角度來看的話，就是中國學生將「侵略戰爭」和「靖國神社」作為表裏一體的關係來看待，與此對應，約 7 成的日本學生認為兩者並不一定有關。在他們看來，由於戰爭是過去的問題，加之戰後的歷史教育，對回答是「侵略戰爭」，大多並未感到猶豫。

而另一方面，對現在的問題，即所謂靖國神社問題，則在意識上缺乏運用歷史認識和歷史知識來考慮判斷。由此可見，中國學生將過去和現在作為一體來把握，對歷史認識有深刻的理解。與此對應，日本學生表現為將過去和現在分開來看的結果，存在對歷史認識不深入的傾向。

問卷中顯示的另一個問題是，日本學生有 3 成以上連中日戰爭是侵略戰爭都不能斷定。他們中的多數大概對靖國神社的

認識也是持肯定的態度。雖然不會是全部都這麼認為的，但可以說他們是將過去和現在從某種程度上視為一體來考慮的。

日本學生約 3 成，將過去和現在作為一體加以考慮，這事實上表明，對侵略戰爭的批判精神在倒退。中國學生的大多數將過去和現在作為一體來把握，表現出對日本侵略戰爭以及事實上作為肯定侵略戰爭裝置的靖國神社進行批判的姿態。

兩國學生對包括上述內容的在歷史觀念上的差距，是怎樣產生的呢？

產生歷史認識偏差的原因

如前所述，針對以中國青年學生為主進行的「反日示威遊行」的背景，有日本媒體和輿論大加指責這是因為開展了敵視日本的「反日教育」，究竟是否如此呢？在此所說的「反日教育」，大概是指 1995 年以後，中國政府著力進行的「愛國主義教育」吧。

但是，中國的「愛國主義教育」，是有其歷史和傳統的。1981 年 2 月 25 日，以全國總工會為首的 9 家團體聯合發出了《關於開展文明禮貌活動的倡議》，開始面向青少年積極開展「五講四美」活動。

所謂「五講四美」活動，簡而言之，就是為獲得良好人格的口號。同時結合進行的還有「三熱愛」運動。而 1983 年 3 月 11 日，中國政府成立了以萬里（當時任全國人民代表大會委員長）為主任的「五講四美三熱愛」委員會。

問題是，後來增加的「三熱愛」的內容。所謂「三熱愛」，就是指，熱愛祖國、熱愛社會主義、熱愛共產黨。

在此，視為提倡「三熱愛」的基礎，大加推崇的是自中國共產黨成立（1921 年 7 月）到毛澤東率領的中國共產黨同蔣介石的國民黨進行國共內戰（1945 年-1949 年）取得勝利以及成立中華人民共和國（1949 年 10 月 1 日）這 28 年間的歷史。

其中，最為強調的是，從盧溝橋事件（七‧七事變）開始的中日全面戰爭中在中國共產黨領導下取得抗日戰爭勝利的歷史。作為中國共產黨以及中國政府獲得合法性、確保信賴的歷史基礎，抗日戰爭的勝利具有決定性意義。中國共產黨正是在這一鬥爭中爭取到了人民的支持，並力圖在內戰中繼續獲得這種支持。

在瞭解進行「愛國教育」的目的方面，1994 年 8 月 23 日以中國共產黨的名義發佈的《愛國主義教育實施綱要》（共八項 40 條）極為重要。其中強調，「開展愛國主義教育的目的是為了振奮民族精神、增強民族凝聚力、樹立民族自尊心和自豪感。」（《人民日報》1994 年 9 月 6 日）。

以北京的「中國人民抗日戰爭紀念館」為主，中國各地建立了像中日兩軍交戰地以及南京的「侵華日軍南京大屠殺遇難同胞紀念館」、揭露 731 細菌部隊罪惡的哈爾濱「罪證陳列館」等，在侵華日軍殘暴肆虐造成大量犧牲的現場，建立了許多規模較大的戰爭資料館等。

這些設施被稱之為「愛國教育基地」，作為全國人民實施教育的場所，包括組織參觀，進行宣傳教育。目的是為了讓中國民眾廣泛瞭解，是通過抗日戰爭的犧牲和勝利，才取得了今日新中國建設的成就。

在中國，繼承中日戰爭的歷史經驗是提高中國人民思想意識必不可少的宣傳教育活動。這並不是引發反日感情的原因，

其本身也並不包含這樣的意圖。

由此，日本的媒體熱衷於將「反日示威遊行」和這種用意的「愛國教育」聯繫在一起，隱含有對以抗日戰爭勝利為主要素材的「愛國教育」進行否定和批判論調，對此中國方面是不可能接受的。

換句話說，認為中國政府通過「愛國教育」煽動反日情緒、將其作為外交卡使用，這種日本方面的反應和反覆強調的批評論調，實際上是因戰爭責任問題未解決，又不願意被觸及的自我認識在作祟。

實際上，日本和日本人由於意識到戰爭責任，卻又試圖迴避歷史的態度，阻礙著自己反省和深化歷史認識。

中國方面通過大量地吸取歷史教訓，努力提高和涵養國家意識的姿態，與日本方面掩蓋歷史、拒絕承認抗日戰爭失敗的心態，存在著難於鋪平的對歷史認識的偏差。

即便是承認侵略中國的歷史事實，但是仍將大肆宣揚侵略行徑的靖國神社僅僅看作是「祭奠戰死者的神社」，日本青年學生事實上抱有的這一認識，可以說也是歷史認識偏差的表露吧。

在此，想介紹一篇中國媒體發表的有關中國青年人對歷史認識的評論。

這是《中國青年報》（1995 年 7 月 17 號）刊載的馬小華撰寫的題為「歷史與我有何關係？」的文章。該報是中國共產主義青年團中央機關報（日報）。據說發行量約達 75 萬份。

介紹其中留下深刻印象的一個片段：

「當一位中國少年被問及日本侵華戰爭而一臉茫然時，在大海那一邊的島國，卻有人用教科書告訴孩子們那叫作『進

入』。在一國忘記了歷史的年輕人與一國接受了偽歷史的年輕
人之間，真正的交往、理解、競爭該如何進行呢？」

也就是說，這是存在於中日兩國青年中的忘卻共同的歷
史，或者偏離歷史的問題。

更加準確地說就是，中國青年忘卻歷史和日本青年歪曲歷
史。由於對歷史的忘卻和歪曲，當然終究難以期待達到相互加
深歷史認識。

「一個人只有通過記憶才能完全地意識到自己，一個民族
只有通過歷史才能完全意識到自己。」我認為馬氏文章的基本
論點在此充分詳盡地表現出來。

無論是什麼樣的歷史，正確地記憶歷史事實是最根本的前
提。所謂忘卻和歪曲歷史，就等同於自我放棄意識自己的機
會，按照馬氏的話說，這就是忘卻「民族精神」。

《中國青年報》1995 年 9 月 4 日號。

　　我從馬氏的文章中，想起了過去常常被加以引用的原德國總統理查德·馮·魏茨澤克（Richard von Weizsäcker）的一句名言，那就是「看不到過去的人也就看不到現在」。

　　理查德·馮·魏茨澤克總統的名言，不是就一般歷史觀而言的。那是對納粹的犯罪、德國過去的歷史漸漸漠不關心，或者熟視無睹的德國青年所說的一句話。那是面對在德國日益擴大的讚美納粹之聲，以及對土耳其移民等抱有敵意的德國國民，諫諍排外民族主義、促進自我反省的警言。

　　現在，中國政府推進的「愛國教育」，也許正像馬氏文章中指責的那樣，因爲潛在著忘卻歷史的深刻事態。因此，將開展愛國教育作爲記憶歷史行爲和明確自身所處位置的基本作業。

對日感情的複雜化

　　即使在中國、年輕人對歷史認識也表現出某種變動不定，其背景之一就是他們所處的信息環境的變化。

　　據說，中國現在大約 1 億 1000 萬人利用網際網絡，擁有手機的人超過 3 億 8000 萬人。特別是在高中生和大學生中，網際網絡利用率高達 90%。這次示威遊行也同樣，充分運用這一網路工具發佈資訊，示威活動一下子波及到了全國。

　　形成了以大學生爲中心的網路輿論或者網路社會，好像通過網上在短時間內持續地發起呼籲，組織參加示威遊行活動。

　　例如，號稱中國最大規模的新浪網，比中國共產黨中央委員會的機關報《人民日報》的正式見解更爲激進，對日批判態勢鮮明（劉志明《中日傳播與輿論》EPIC、2001 年）。事實

上，中國政府對該網站的輿論也不能無視。

另一方面，例如，中國國營的新華通訊社發行的報紙《國際先驅報》刊登了題爲「朝日啤酒等企業與歷史教科書事件有關聯」的報導（2005 年 3 月 28 日號）。

根據我個人的感覺，我認爲中國青年對日感情是極其複雜的。決不是單一的，如同所謂圖案多樣，表現出多樣的情感。

日本政府一貫尋求支持以成爲聯合國常任理事國，對此日本國內好像表現積極強烈。即使成爲常任理事國的可能性依然很低，假定能夠實現的話，也不應該將其視爲寬恕了日本對中國以及其他亞洲諸國的加害行爲。

同時，以歷史認識和歷史解釋各不相同爲由，日本採用利己方便的歷史解釋的做法也必須愼重。重要的是在相互認同這種多樣性的情況下，朝著達成共同歷史認識的目標逐步邁進。

的確，中日兩國看待歷史的方式也許有很大不同。中國方面通過一些宣傳議論達成共識，對日本政府以及日本人所表現的淡漠輕視歷史感到十分不滿。因爲如果汲取歷史教訓的話，應該能避免出現現在這種對中國的姿態。

建國以來，中國人不斷通過歷史對話和借鑒歷史教訓，培養提高國家意識、國家榮譽感。中國人抱有這種鮮明的歷史觀，由此在他們來看日本人試圖放棄或者否定歷史。中日兩國人民在歷史認識方面存有一定的差距。

爲了再次評價何謂中日戰爭，我認爲有必要瞭解中日關係以及兩國人民的相互認識是怎樣形成的？爲此，下面通過追溯歷史，考察一下特別是近代國家的日本人究竟是怎樣看待中國的。

第二章

日本人是如何看待中國的？

1. 中國觀的萌芽

「大陸國家日本」的夢想

隨著持續了近 260 年的德川幕府時代結束，以長州和薩摩為中心的倒幕運動的結果，成立了新的政權（1868 年 10 月 23 日改元爲明治）。

明治國家也可以說是對地方分權制的封建制進行解體、建立徹底的中央集權制。即以中央集權制國家的形式，在一元統治下加快形成對抗歐美列強的「國民國家」。

爲了形成「國民國家」，明治政府相繼出檯了一些政策，尤爲矚目的是 1872（明治 5）年 9 月 5 日公佈了學制，翌年 1 月 10 日公佈了徵兵制。這兩個制度相繼頒佈並不是偶然的。

明治國家對維護中央集權國家進行軍事力量整備，爲了抗拒歐美列強的壓力，抵抗其對亞洲諸地域的侵入，急於培訓大量士兵。根據學制規定，學制的目標是在全國各地創建學校，提高國民的識字率，確保大量的具有相應素質的士兵預備軍。

學制和徵兵制，可以說是一枚硬幣的兩面。表面上都是通過「富國強兵」的口號，試圖掩蓋事物的本質。所謂「富國強兵」，其實是通過加強軍事力量，以對抗歐美列強爲藉口，而使本國具備侵略亞洲諸國的能力。

那麼，想要將日本向大陸延伸，實現作爲「大陸國家」而獲得飛躍發展的願望，是從何時、由誰提起的呢？我認爲，從幕府末期開始大約就能看到其原型。

　　當然，同是想使日本實現「大陸國家」之夢，動機或方式卻也有所不同。既有大肆談論通過加強軍事力量實行強硬的侵略主義的，也有提倡通過與亞洲各國人民聯合協調，建立「亞洲的指導國日本」這一構想的。

　　幕府末期的這些議論與昭和初期的亞洲大陸侵略思想似乎並沒有直接聯繫。即便如此，那個年代感受到歐美列強壓力的諸多知識人士，受到這些言論的觸動，議及日本未來發展模式時，加大了對亞洲大陸的關心。其中，最為關心的對象地域就是中國。

　　將這些議論總括起來，可稱之為「亞洲論」。由於西歐諸強對亞洲地域的侵入以及殖民地化事件的刺激，各種各樣的「亞洲論」被提了出來，最終導致了日本的大陸侵略思想的形成。以下，來看一下「亞洲論」的源流。

林子平和本田利明

　　當時的「亞洲論」的主要特點，好像與技術方面崇尚西方化相反，在精神方面的反歐美化傾向引人注目。這一意義上的日本的國家中心主義，浸透到了包括教育指導思想在內的方方面面。

　　國家主義的萌芽，在幕府末期知識份子的著作中即有所顯露。作為對抗西化而浸透於各個方面的國家主義思想，同時也包含有對西方世界憧憬嚮往的要素。由於歐美國家具有雄厚的技術力和資本力，其席捲世界的氣勢既是對日本國的威脅，也是令其欽羨的對象。

　　在如何因應西方列強侵入亞洲的文獻中，具有這樣的主

張；就是為了加強日本的自立和防衛，日本也有必要以中國為中心在亞洲爭得霸權。對西方的抵觸感情，或許也是出於這一稱霸主張的緣故吧。

這並非是自我辯護。這一主張的根底，確實包含有日本人複雜的感情。

為了將日本人的這種複雜感情提升到思想認識，幕府末期，一批期冀給後世的日本人帶來一定影響和啟示的思想家相繼登場。通過觀察他們的部分思想見解，就能夠理解為什麼日本以及日本人想要努力實現向中國擴張。

幕府末期著書立說的日本知識份子中，有展開真正的軍事外交論的人物林子平（1738-1793）和本田利明（1744-1821）。林子平在江戶後期著有《三國通覽圖說》（1785年）和《海國兵談》（1791年）等；本田利明著有《西域物語》（1798年）和《經世秘策》（同上）等。兩個人均為在日本高中教科書中予以介紹的著名人物。

為了對抗推進南下政策的俄羅斯的威脅，以及來自巨大鄰國中國的潛在威脅，林子平極力主張海防論。林生於江戶時代，曾到長崎求學，精通海外情況，被稱之為當時首屈一指的海外通。林極力主張對抗俄國的威脅，強調開拓蝦夷地（北海道的舊稱）的必要性。

明治國家成立之初，開始意識到俄國和中國的威脅。林及早提出了對鄰近大國的戒備之說。他認為通過充實軍備和加強海防，可以消解憂懼和不安，主張建設軍事國家的日本。

林的這些主張淋漓盡致地揮灑於《海國兵談》中。但是，因為該內容與幕府外交軍事政策不符，被禁止公開發表。為對抗巨大鄰國而建設強力的海防國家這樣的國家戰略論，從囿於

閉關鎖國觀念的幕府來看，應屬毫無道理的主張吧。

相對於林子平的軍事至上思想及軍事外交論的主張，本田利明主張的是一種貿易立國論，該主張的貿易拓展對象不僅限定於中國、朝鮮，還包括整個亞洲。與林的軍事至上思想比起來，這可以說是一種比較理性的經濟論。

林子平從軍事或國防觀點出發，主張將朝鮮、蝦夷以及琉球並列，作為同等重要的地域，強調為抵禦俄羅斯的威脅而領有朝鮮的必要性；本田主張走經濟自立之路，志在通過非軍事手段促進日本的發展。

本田強調，作為經濟自立的前提，應充分利用海洋，將日本發展的基礎擴大到包括東南亞在內的廣大亞洲地區。這也是明治初期開始登場的「南進論」的思想萌芽。

另一方面，本田在江戶時代學習了日本數學（以中國傳入日本的數學為基礎，江戶時代在日本發展起來的獨特的數學——譯者注）和天文學，訪問了諸多國家，進行物產調查，提出了作為富國之策的開國交易論等，在當時以思想進步、頗具獨創性的重商主義者而享有盛名。事實上，本田也大力提倡開發蝦夷，但他主張是作為經濟基地的開發，與林子平所主張的作為軍事基地的開發完全不同。

僅僅強調這一點，就能夠明確軍事至上論和經濟合理論的差別。但是，明治國家實際上是同時吸取採納了這兩種不同主張，而融合成為一種「富國強民」政策。

對於明治國家來說，軍事論和經濟論決不是對立的關係，而是被確立為國家的兩個車輪。林子平的軍事至上論，被具體化為俄羅斯威脅論和朝鮮領有論。這些理論也成為從明治初期開始、至中期全面展開的激進的大陸侵略思想的源流。本田的

主張，則成為後來以海軍軍事官僚為中心主張的「南進論」的
出發點。

暴力和壓制的思想

　　林尖銳地指責閉關鎖國的不利。他主張將重新評價鎖國政
策和普及新型國防思想作為當務之急。因此，林的主張一般被
視為開明思想。與此相對照，之後的佐藤信淵（1769-1850），
則以維護天皇制國家的日本民族優越論為基礎，是位極其鮮明
地推行侵略政策的思想家。

　　佐藤跟從宇田川玄隨學蘭學，並師從田篤胤學國學（譯者
注：江戶時代興起，研究日本古典的學科，或稱為日本古典
學）。由於所師從的是當時一流的蘭學和國學學者，得益於這
種得天獨厚的環境，佐藤熟稔西方思想和國家主義等廣泛的近
代政治思想。

　　佐藤在《宇內混同秘策》（1823年）中論及「皇大御國作
為大地最初形成的國家是世界萬國之根本」。針對佐藤的言
論，後人有如下之評價：「這是強烈地主張本民族至上主義。
強調日本是世界的中心國，世界所有的地域從屬於『皇大御
國』──天皇制國家日本，天皇才是唯一的統治者。」（橋川
文三、松本三之介編《近代日本政治思想史》，有斐閣1970年
出版）。因此，佐藤往往被看作是絕對主義的思想家。

　　佐藤主張，首先應該歸屬於天皇制國家日本的地域是中
國。他在《宇內混同秘策》開頭部分這樣寫道：「從支那國的
滿洲開始取之不難。建議『奪取』中國東北部（滿洲地
域）。」佐藤主張的長期國家戰略是，日本「奪取」中國東北

部，從俄羅斯的威脅中解脫之後，再爲增強日本國力而向發展
經濟的適宜地域東亞「南進」。

總之，在佐藤的主張中，軍事至上論和經濟合理論不存在
任何矛盾，是融合在一起的。至於由此而引發的訴諸暴力奪取
的矛盾，皆可由其主張的「天皇制國家日本」的原則而獲得合
理解決。。

這種認識，一般被認爲是日本知識份子和日本民衆長期共
有的看法。

在假設並認定所謂的俄羅斯威脅這樣的前提下，對天皇制
國家日本來說，「奪取」中國就被視爲必不可少的目標，這與
之後的日本陸軍佔領滿洲計畫的動機極其相似。事實上，從 20
世紀 20 年代後期到 30 年代初，在以軍部以及右翼爲中心的大
陸侵略行動的策劃中，層層滲透著佐藤及其追隨者的這類侵略
思想。

例如，民權論者杉田鶉山（1851-1928）在《東洋恢復論》
（1880 年）和《興亞策》（1883 年）中也曾主張，爲了將亞
洲人民從專制權力的壓制中解放出來，在亞洲廣大地域擴大民
權論的影響和滲透是極其必要的。

不過，根據杉田鶉山早期的觀點，以朝鮮、中國爲主的亞
洲，主要應是日本支援和聯合的對象，而決非是侵略的對象。
在他的頭腦中孜孜以求的「聯合」後來竟發展成爲「侵略」的
結果，這也許是連做夢也未曾想到的吧。

大日本帝國憲法制定以後，對逐漸呈露專制權力性格的明
治近代國家的變化，杉田未抱有任何戒心。在明治憲法體制確
立的 1889 年（明治 22 年）以前，爲抗拒西方列強對亞洲的壓
力，亞洲也確實一直是日本支援和聯合的對象。

　　儘管不像杉田那樣具有明確姿態，其他的民權論者所抱有的共同目標是打倒明治政府的專制權力，解放處於亞洲地區專制壓迫下的人民。可以說民權論正是將人民的解放視為自身的政治目標。

　　但是，在民權論被國權論取代的過程中，對日本來說，以中國為主的亞洲，便從支援和聯合的對象變成了掠奪和霸權的對象。

　　杉田所代表的對中國（當時的清國）的認識也漸漸發生變化。他根據訪問中國的體驗表明了如下判斷，那就是即使有來自日本的支援和聯合，中國人民也完全缺少自主地打倒專制統治的能力。同時，他還得出結論說，中國的封建專制制度也不可能抵抗歐美列強的侵略。

　　杉田在《東洋攻略》（1886年）中，做過如下論述，即日本遲早也會成為西方列強的侵略對象，與其拿出精力支援中國，「不如加緊取之，成為列強同夥」，這樣方可避開西方列強對日本的侵略。

　　放棄將亞洲作為支援和聯合對象的認識，就是由此開始的。自由民權論者杉田的亞洲認識產生了明顯的轉向。杉田的這種認識轉換，也許可以說是在目睹了中國現狀，由此產生出對中國的失望和蔑視，以及領略了西方近代化的實際後而形成的。

　　杉田並沒有看到中國政治和經濟混亂的根本原因，即這是因為西方列強將中國置於殖民地狀態，加之長期的封建專制權力所造成的資源分配不平等所致。與西歐的近代化進行對比，可以說他只不過在表面上闡述了遠遠落後於近代化的中國的現實。

　　杉田的根本主張是，既然西方列強將弱國作爲資源供給地積極進行殖民地經營，同樣地，日本爲推進近代化，也應把侵略中國、朝鮮作爲極其重要的手段，以加速實現西方式的近代化目標。這就充分表露了地地道道的侵略思想。

　　正如杉田這一主張所表明的，這種在犧牲亞洲的基礎上實現日本的近代化，試圖獲得「一國繁榮」的國家利己主義，與一種侵略思想直接相關聯，其基礎是通過近代化理論培植起來的。

　　也許杉田的主張就是近代日本人對中國認識的共同之處。在自身陷於危難時，迫使他人（中國）犧牲，借此以擺脫困境保全自我。進而若是能促進日本發展的話，恐怕更會願意做出那種選擇。

　　日本對中國的認識就是這種視中國爲犧牲的替代品的觀點。即使在最初的動機上是要抗拒西方列強侵略的威脅，但漸漸演變爲以犧牲亞洲爲手段、通過奪取亞洲以實現日本國家的近代化目標。可以說，這種觀念被當成正當的論理確立下來。

　　侵略大陸先是作爲權力爭奪的一個手段，進而又增加了爲實施近代化而侵略的內容，即所謂「爲了近代化的侵略」的見解。不僅民權論者持此主張，此種觀點也開始浸透到統治層以及大多數國民之中。

　　「爲了近代化的侵略」之說，與今日的開發獨裁論相似。所謂開發獨裁就是，爲了儘快達成近代化（近代化＝開發），須推遲政治的民主化，而倚重於獨裁體制（權力的一元化），國家主要起到發展經濟的統帥作用。爲了保證開發優先於一切，便有了不惜犧牲他人——無論是國內還是國外——的構想。由此所派生的是，肯定暴力行徑和確立民族歧視意識。

　　大陸侵略思想總是以對中國、朝鮮的蔑視或歧視感情爲其基礎。大井憲太郎（1843-1922）十分瞭解歐洲近代思想，在日本國內以自由黨左派理論家著稱，他本身也具有大陸侵略思想這類觀念。

　　大井是以支援韓國獨立黨打倒朝鮮封建社會、將民權擴大到全朝鮮爲目標的自由黨左派運動（大阪事件、1885 年 11 月23 日）的中心人物之一。在他看來，爲了達到人類的「自由」本質，民權論的擴大是不可缺少的。

　　他認爲要打倒剝奪人們自由的專制權力，不是一國的問題，而是人類普遍的課題，並且出於這一觀點而策劃了支援韓國獨立黨的活動。

　　可是，即便是具有這種進步思想並因大阪事件而入獄的大井，在明治憲法發佈恩赦獲得釋放後，對中國的歧視觀念也開始增長，發展爲對朝鮮、中國的侵略思想。

　　與杉田在認識上的共同之處是，他也主張對亞洲大陸實行霸權，作爲抵抗西方列強侵略的手段，認爲領有大陸是日本的必由之路。其亞洲侵略論思想與杉田如出一轍。而且，無論是杉田還是大井，最初又都是主張通過擴大民權思想打倒封建專制權力的，但最終卻因對朝鮮、中國的不公正的歧視情感，以對抗西方列強和實現日本近代化爲由，在思想觀念上將亞洲侵略論正當化。

　　是什麼促使他們轉變成亞洲侵略論者的呢？是由於自由民權論本身的局限嗎？可以明確的是，在他們看來，即使最終行使暴力（軍事力量），也是爲了踐行自己的「自由」、「民權」思想，是解放亞洲的必要手段。

　　自由民權論者們，最終選擇了支持暴力手段，並自行套上

了束縛其自由思想和行動的枷鎖。本應是支援和聯合對象的亞洲人民，最後成了暴力的犧牲者，自由民權論者們對這樣的轉化顯然缺乏足夠的想像力。

無獨有偶。這樣的歷史教訓跨越時代而不斷上演，亞洲太平洋戰爭期間日本軍隊進行的「為亞洲解放的武力進駐」和如今美軍自稱「為了自由而戰」的「正義戰爭」，比如進攻伊拉克的戰爭，都是延續了同樣的思維方式。

樽井藤吉對亞洲的認識

在探討日本對亞洲的認識是如何轉化為侵略思想的各種各樣的原因方面，樽井藤吉（1850-1922）的亞洲觀頗具參考價值。

1882 年（明治 15 年），在長崎縣島原，一些急進的民權主義者結成東洋社會黨，樽井是當時的策劃人之一。但是，由於該黨主張打破貧農世襲和天物共有等原則，明治政府將其視為共產主義或者虛無黨（無政府主義者），明令禁止其結社。

樽井是信奉自由主義和平等主義的社會運動家。他對國內的貧富差距和階級矛盾十分關注，並將其視為解決社會問題的主要矛盾。

在樽井的代表作《大東合邦論》（1893 年）中，所闡述的亞洲觀與明治中期以來出現的大陸侵略思想，形成了極為鮮明的對照。樽井首先就日本和朝鮮的關係作了如下論述：「日本以重和作為經國的目標。朝鮮以重仁為施政的準則。和與物是相合的緣由，仁與物亦出於同源，由此，兩國親密之情本來出於天然，不可阻止。」（竹內好編《現代日本思想體系・亞洲

主義》，筑摩書房 1963 年出版）。

　　這是從儒學素養中導出的日朝關係論。樽井主張，兩國存有共同、自然的或者說先天的聯繫，這遠遠超越了文化以及民族的差異；兩國進行協作、聯合不應受西方意義上的近代國家觀念的束縛，而是近似於個人之間的交往關係。他並且主張，為了兩國的發展，兩國將來的「合邦」是最佳途徑。

　　樽井為了「不讓國名問題產生兩國地位階級有高下之別而損害彼此感情，以致有礙得到合邦的成果」，故把國名命名為「大東」。』

　　樽井還針對與朝鮮「合邦」對日本不利的議論，提出如下反駁：即，「雖說朝鮮貧弱，面積是我國之半，其貧窮是因制度不善。如果實施聯合，革其弊端，則富裕可期」。

　　這反映了迥異於侵略朝鮮觀念的平等觀念。日本大多數亞洲主義者認為朝鮮未近代化的原因在於其民族性。樽井的觀點有所不同，將朝鮮未近代化的原因歸結於受儒家倫理和道德觀支配的封建制束縛。

　　有關與中國的關係，樽井也進行了如下的論述：「縱觀競爭世界的大勢，亞洲同種的友好國家應該聯合一致，與異種人競爭。要聯合的國家，不僅限於日韓，也希望有清國。對清國現在該達成諒解」。

　　更進一步，雖說清國和日本的「合邦」為期尚早，但是「我們日韓可以先行聯合，與清國『合縱』，以防異種人之侮」。總之，因為清國內部具有異種民族的紛爭及對立，其國情狀態尚不允許與日本及韓國「合邦」。不過，可以提倡「合縱」，即日本和清國締結同盟關係，通過加強兩國關係而形成亞洲的兩個大國共同與西方對抗的戰略。

　　樽井的主張，跨越一個世紀之後，與現在的日美同盟論極其相似。今天的日本也有人將日美同盟論作為長久稱霸亞洲的戰略，強調加強日美同盟關係。若按樽井藤吉所論，這可否說成是「日美合縱」的策略呢？

　　這些姑且不論，在樽井闡述其主張之時，是明治國家最初的對外侵略戰爭，即圍繞爭奪朝鮮半島控制權而與中國進行的甲午戰爭（1894-1895）開戰的前一年。他提出這樣的觀點的時機值得注目。

　　重新探討甲午戰爭的侵略性是十分必要的。因此，我們沒有理由不以甲午戰爭為界，重新回顧樽井的主張，看看他是如何由亞洲聯合論轉為大陸侵略思想的。在對此進行總結的基礎上，樽井思想認識中的某些內在線索可能提供一些有益的參考。

與歐美帝國主義的對抗

　　特別需要強調的是，西方的近代化路線，在歐美資本主義發展階段中產生帝國主義的亞洲政策，上述樽井的「合邦」和「合縱」論，是作為一種與之對抗的思想而展開的，其初衷主要並不是為了要將亞洲人民從封建專制權力中解放出來。也就是說，為了同西方列強對抗，就要把亞洲民族形成同一性質的強大國家當為優先課題。可以看出樽井的「合邦」論和「合縱」論，是在並未顧及亞洲人民及日本人民的諸多個人權利的基礎上建立的，並非出於社會民主化思想。但是在表面上留給人們的印象卻是後者，這就頗能迷惑人。

　　由此，也可以說樽井以國家至上思想為本的日本國家發展

論，成爲幾乎所有的亞洲聯合論演變成大陸侵略思想的主要原因。

甲午戰爭於翌年發生後，日本必須面對的課題是加速實現西方水平的近代化，爲達這一目的，不僅是與朝鮮「合邦」，與中國「合縱」，還應該首先打倒亞洲的專制統治，擴大人民的權力，形成以人民爲主體的自立的國家和社會。有些知識份子可能就是這麼想的。

實際上，後來的所謂「大東亞共榮圈」思想中，也明顯地含有樽井藤吉對朝鮮、中國，以及整個亞洲的認識及關係定位的看法。「大東亞共榮圈」思想也基本上是以樽井藤吉所提出的諸論點展開，通過被視爲必要手段的「侵略主義」這一模式，以軍事強力推進其實現。

作爲政治宣傳的「大東亞共榮圈」思想，與樽井的主張同樣，強調實現日本與朝鮮、中國的自然而然的「合邦」及「合縱」關係，於是獲得了大多日本國民的共感。

甲午戰爭被視爲代表新舊文明的日本和中國的對決。在這方面，有論述新文明必然超越舊文明的內村鑒三（1861-1930）的「義戰論」。另外，福澤諭吉（1835-1901）的「脫亞論」，則將甲午戰爭視爲「文明的正義之戰」，主張積極推行能夠促進新文明發展的對外關係，也就是脫亞入歐；並且積極推行其在「脫亞論」中所提出的一系列主張，由此也引出了評量文明優劣的亞洲論思想。

在德富蘇峰（1863-1957）的《大日本膨脹論》（1894年），以及日本的大陸政策強力推進者之一的後藤新平（1857-1929）的《日本膨脹論》（1916年）等著述中，也可以說幾乎包含著同一性質的侵略思想。

　　德富於 1887 年（明治 20 年）創立了民友社，發行《國民之友》以及《國民新聞》，主張平民主義，是從明治到大正、昭和時代，一位十分活躍、對政府也極具影響力的記者兼政治家（曾任貴族院議員）。

　　德富原本以頗有影響力的平民主義者著稱。但是，自甲午戰爭後，他也轉向了國家主義。追溯他的轉變過程，一般會認為，所謂「文明論」及其思想起源的探討，只是為了將擴張論以及侵略思想加以正當化的議論。德富的主張所暴露出來的是強烈的國家主義，又可稱其為國家利己主義。

　　自甲午戰爭及日俄戰爭以降，德富的主張越來越明顯地表現出強烈的國家主義，將其以前亦曾嚮往過的與亞洲聯合與協調的觀點置諸腦後。看來，許多知識份子和評論家們口頭上所說的與亞洲聯合，追求亞洲共榮，最終只不過是用以掩蓋日本侵略亞洲的不當性和暴力性的遮羞布罷了。

　　日本把入侵別國的戰爭說成是為促進亞洲文明的正義之戰，在之後的「東亞共同體論」以至「大東亞共榮圈」的幌子下被繼承延續下去。雖然我並不是要否定所有持亞洲聯合論的知識份子和評論家，其中有人也許確實抱有善意的動機，但事實上以德富為代表的強烈的國家主義佔據了優勢地位。那麼，其原因究竟何在？下面我想對德富的觀點進一步加以考察。

德富蘇峰和陸羯南

　　一般認為日本的大陸侵略思想形成期是在自由民權期以後的明治 20 年代。在明治新聞界頗具影響力的德富蘇峰，自甲午戰爭之時開始主張侵略思想。

雖然當初他主張在西方近代合理主義的基礎上，通過形成歐洲式的市民社會來實現平等制，但是自甲午戰爭開始，他即極其露骨地大肆頌揚日本民族擴張論。

德富主張，有必要警戒至今具有潛在威脅的中國。在《國民之友》（1894 年 6 月號）發表的著名文章「日本國民的擴張性」中，他將日本的對外擴張政策視之爲善舉，而將中國看作是妨礙日本擴張政策的最大障礙。在他看來，只要在與中國的「衝突」中不能夠取勝，那麼就不可能實現日本未來的發展。

德富持有的中國觀的特徵，不外是爲了使日本擴張論以及侵略思想正當化，將巨大鄰國中國設定爲潛在威脅對象。他將與中國的有關衝突看成是主張日本對外侵略戰爭具有積極意義的絕好素材。

德富的中國觀，雖然是完全缺乏合理性，但是他的思想影響力不可低估，這些觀點通過《國民之友》等刊物，在喚起和擴大支持擴張論上取得了成功。

進而，他還強調，甲午戰爭以後爲對抗西方列強進攻亞洲，應該加強日韓淸三國「聯合」。在此情況下，當然應由日本擔任盟主地位，才是形成「聯合」的先決條件。

聯合論中，具有聯手以對抗外來強權這一本來的含義，同時亦隱含有甲午戰爭以後日本須對應國際地位變化的措施。但是德富所謂亞洲諸國對等的「聯合」，決不只是爲了抵抗歐美列強對亞洲的進攻，其最主要的考慮不過是以保證日本在國際上的地位爲目標的「聯合」，只是國家利己主義的表露。

接下來看一下陸羯南（1857-1907），情況也與德富大致相同。在其政治和評論生涯的早期，陸羯南通過報紙《日本》，表達了對應於西方的近代化和技術優先論，應發揮亞洲的獨立

性和自主性的立場。他在與西方的對比中強調亞洲主義，對於像德富那樣露骨地主張侵略思想表現出一定的批判精神。

雖然陸是從法學院校中途退學成爲官吏的，但是他極力反對明治政府過火的歐化政策而辭掉官位，是位頗有氣節的人物。之後，爲了論述自己的主張，他創辦了《東京電報》（1888年），翌年改名爲《日本》，對全盤西化論展開辯論。

可是，陸在《近事政論考》（1891年）中，也主張通過以日本爲主軸實現亞洲「和平」，其結果也是將對中國的侵略正當化。如果說德富是直言不諱地宣揚中國潛在威脅論，陸則並不把中國視爲威脅的對象，而是欲將其納入日本陣營，放在日本聯合夥伴的位置，共同抵抗極端的西化，並以日本特有的文化和思想等來加以應對。

由此可見，陸和德富兩人對於中國的認識方法顯然有所不同。但是，在包括對朝鮮關係在內，只有日本是主導者這種亞洲觀方面，兩者殊途同歸，最終都發展成爲侵略思想。由此，便將本應受到譴責的侵略別國的行徑看作是對朝鮮和中國進行所謂「善導」的行爲。

在這方面，與樽井的論點類同的還有內田良平（1874-1937），他在後期的《支那觀》（1913年）中，將中國看作是「畸形國」；內藤湖南（1866-1934），在其《支那論》（1914年）、《新支那論》（1924年）中強調中國社會特殊性等；他們在爲日本侵略中國尋找合理性方面基本上是相同的。

總之，如果按照西方國家的常識來看，中國是性質極其不同的國家社會，與國際社會一般的思維觀念有很大偏離。一些日本知識份子接受了這種看法，可以說在對中國的認識上，從根本上帶有對中國的歧視感或輕蔑感。同時，這種感受又與力

圖排除異質、以本民族的優越性爲主導的「共存」思想潛在地聯繫起來。

像這樣，通過當代知識份子、文化名人反覆強調反對中國的論點及觀念，在現實政治運作中又更加露骨地表現出對中國的強壓姿態，便源源不斷地將否定中國社會的觀念傾向強加於日本的國民意識。

在如此議論對中國認識的同時，明治國家一步步實際推行其侵略中國的計畫。在明治國家成立後僅僅第 6 年（1874年），就實施了向臺灣出兵（臺灣稱之爲牡丹社事件），第 7 年（1875 年），又展開了對李氏朝鮮的炮艦外交。

在下一節，來看一看又可稱之爲侵略中國起點的臺灣出兵的經過。臺灣出兵究竟隱藏了怎樣的意圖呢？

2. 侵略中國的起點從何時開始？

臺灣出兵

在步入近代國家方面痛感落後於歐美列強的日本，於 1889 年（明治 22 年）2 月 11 日頒布了大日本帝國憲法（明治憲法）。自此，改國號爲「大日本帝國」，這便是所謂的「帝國日本」的登場。

日本於 1895 年（明治 28 年）4 月 17 日，取得甲午戰爭的勝利。與清國締結了和約，清國向日本交付 2 億兩白銀的賠償金（相當於當時的 3 億日元），並將清國的領土臺灣以及澎湖島等割讓給日本，由此日本成爲殖民地領有國。

但是，在公佈明治憲法的 15 年前，即 1874 年（明治 7 年），日本即已強行發動了對外戰爭。那就是明治國家最初的海外派兵——臺灣出兵。

事件的緣起和經過是這樣的。

臺灣出兵的前一年，即 1873 年（明治 6 年）8 月 3 日，當時任明治政府參議的西鄉隆盛（1827-1877），向太政大臣三條實美提出了請求內閣決定向朝鮮派兵的意見書。8 月 17 日，內閣會議通過了西鄉的意見書，但條件是要待正在歐美考察政治制度的岩倉具視一行歸國後再付諸實施。

西鄉的意見書中所表明的，即圍繞所謂「征韓論」的爭議，彰顯著權力鬥爭內情。這一年 1 月，實施了以全民皆兵爲主要內容的徵兵制，武士家族由於擔心本身在軍事部門的獨霸

地位會因此崩潰而加以反對，希望以朝鮮成爲自己炫示能量的舞臺。欲借實施徵兵制建立近代軍隊的勢力，和力圖保護武士階級利益的勢力之間產生了對立。

前一種勢力試圖通過中央集權制來實現近代國家的構築，在他們看來，建立政府直轄的強大的近代軍隊是必不可少的。而後一保守勢力，則爲在急進的近代化中將失去既得的權力而深感焦慮。

爲了避免與中國（清國）以及俄羅斯，進而與歐美諸強的摩擦，木戶孝允和大久保利通等有實力的參議對朝鮮出兵持反對態度。在遭此反對的情況下，西鄉辭去了所有官職。朝鮮派兵變得無限延期。明治國家成立才僅僅 6 年，就圍繞海外派兵展開如此論爭，其意義非同小可。

朝鮮出兵的策劃落空，取而代之的卻是臺灣出兵被強制推行。

翌年（1874 年）5 月 17 日，西鄉隆盛的胞弟、擔任陸軍中將的西鄉從道率領 3600 名兵士，到位於臺灣最南端的屏東縣附近，並於 5 月 22 日在牡丹社登陸。這一事件成爲明治國家最早的海外派兵的標誌。

臺灣出兵的起因，一說是居住在臺灣南部牡丹社的臺灣島民（排灣族：Páiwān 族），殺害了漂流到此地的琉球漁民，以此而引發日本國內要求實施報復的行動。另一說並未反對這一事實，卻把事件原因解釋爲牡丹社島民救助了因颱風漂流而來的琉球漁民，給其食物等提供照顧，但由於未能進行足夠的交流溝通而引發悲劇。

但是無論琉球漁民被害事件的細節究竟如何，更爲嚴重的問題是，此事被早就圖謀海外出兵的勢力視爲良機，於是西鄉

從道率領約 3600 名擁有現代裝備的日軍侵佔了該地，殺害了許多當地居民。

臺灣出兵的背景，隱藏有日本政府企圖對屬於清國的臺灣領土實行統治的意圖。事實上，在臺灣出兵 10 年後發生的甲午戰爭中，日本如願以償迫使清國割讓出了臺灣領土。

日本早在明治國家剛成立時即對臺灣領土抱有野心。後來只不過是找藉口使侵略正當化，將侵略戰爭冠冕堂皇地解釋爲「正義的戰爭」。成爲明治國家首次海外派兵的臺灣出兵，便是採取了以保護和解救日僑爲由而投入侵略軍的戰爭模式。

在第二次世界大戰後日本歷史學研究中，如果與日清、日俄戰爭等明治期間對外戰爭研究相比較的話，不得不承認對於臺灣出兵以至 1895 年 6 月 7 日佔領臺北這一時段的臺灣軍事佔領作戰的研究，可謂少之又少。

究其原因，除了資料收集方面的困難，另一個原因就是該時期日本的對亞洲外交政策特別強調日清、日朝關係（1871 年日清友好條規、1876 年日朝友好條規），而缺少以獨立視點進行日台關係史的研究。同時，也有明顯的

在臺灣牡丹鄉 54 名琉球藩民墓碑前、筆者、2007 年 6 月。

傾向是將日台關係史視爲日清關係的附屬或延伸來把握，而對日台關係及歷史事件未有足夠重視。

根據戰後日本歷史學，一般是將甲午戰爭看作「日本最初正式的對外遠征（海外派兵的第一步）」，而不是臺灣出兵。這顯示出對臺灣出兵的歷史意義的認識十分淡薄。

我一直抱有這樣的認識，不斷探討臺灣出兵的意義。2003年11月23日，在臺灣屏東縣牡丹社鄉召開了查證牡丹社事件國際會議，我應邀參加大會並作了報告。

在西鄉從道率領的3600名日軍兵士與排灣族（Páiwān 族）居民進行激戰的場所，我徘徊良久，陷入沉思。沒有武器裝備，僅僅持有極少量的土槍，以及弓、刀的排灣族人，面對具有現代裝備的日軍，英勇不屈進行了殊死搏鬥，終因力量懸殊，無法抵擋擁有現代裝備且嚴格組織起來的日軍大部隊，造成多數人犧牲。

這是現代軍隊對於中世紀式的民間武裝的格鬥狀況。不難想像，由於戰力極其懸殊而導致一邊倒的格殺情景。在報告會的會場上，有過去參加過與日軍戰鬥的排灣族的後裔。他們很想知道，來自日本的歷史研究學者在這一場合究竟會講些什麼呢？他們聽得十分認眞，唯恐遺漏掉什麼。

在他們看來，儘管忍受著先人慘遭屠殺的強烈屈辱，但是歷屆日本政府也包括戰後的日本政府卻從不提及這段悲慘事實，也沒有表示謝罪，更讓他們憤慨莫名。即使臺灣從日本殖民地交還中國之後，他們的先輩遭遇的這一民族災難在臺灣史上也長期被掩埋下來，至少，在蔣介石、蔣經國父子當政的國民黨時代，似乎是作爲不足以提及的事件而一直未被重視。

2007年6月4日，我再次訪問了牡丹社鄉。此次是爲出席

一個籲請建立牡丹社事件紀念公園以及紀念碑的討論大會。這次大會，也邀請了臺灣立法院的議員們出席，熱烈的討論持續了整整一天。

在討論會上，我首先闡述了自己的認識，也就是牡丹社抗擊日軍入侵事件所固有的歷史意義，造就了這一歷史的民族是值得驕傲的，這是對近代日本露骨地進行霸權擴張欲望的抗擊之戰。我還結合 1945 年日本戰敗，在敘述排灣族人民遭受現代國家暴力而犧牲的同時，闡釋了實施暴力的國家最終也將走向失敗的規律。總之，該事件除了是近代日本向海外擴張的標誌性事件以外，也充分顯示了臺灣排灣族人民的不屈品格，對侵犯自己生活空間的入侵者自發地進行反抗的大無畏精神。

帝國主義和文明化

在牡丹社鄉這次討論會上，我著重強調了這樣一點，即在日本稱之爲「臺灣出兵」的牡丹社事件在歷史上所處的位置。我認爲，正是以臺灣出兵爲契機，使明治國家開始具有帝國主義國家的性格和構造。因此，有必要深刻地把握 1874 年強行出兵臺灣以及 1895 年臺灣佔領作戰的意義。

關於如何把握臺灣出兵與甲午戰爭時期臺灣軍事佔領作戰的關係，我還介紹了以「從華夷秩序的脫出」和「加入萬國公法秩序」爲分析框架所進行的研究內容。

在此我的假說是，無論是臺灣出兵還是臺灣佔領，都是通過「文明化」的意識而掩蓋了侵略性、排外性。同時，由於強調出兵政策和佔領政策的正當性，可以由此驗證明治近代國家或者日本帝國主義的侵略擴張本質，以及「近代化」所內含的

負面因素。

現就甲午戰爭時期日本知識份子對甲午戰爭進行評價的背景特徵加以整理，進一步探討日本侵略思想形成的譜系。

在臺灣出兵以及臺灣佔領中所採用的手法，後來成為日本帝國獲得殖民地以及強行實施擴張政策所採用的慣用伎倆，也成為戰後日本人在對臺灣認識方面糾纏不清，明顯與事實相悖的一條原因。

我認為，戰前許多日本人在被「文明化」意識浸透的同時，自發地支持殖民地化政策和侵略戰爭，而戰後的日本人依然沒有從這種思想禁錮中充分解脫出來。

在此，重點想要指出的是，第一，在戰後日本歷史學研究中，對臺灣出兵以及臺灣佔領並未確定相應的歷史位置。即使在一般層次上，也大都停留於日本對臺灣的殖民地統治是井然有序地推進的這種看法。加之戰後也受到所謂臺灣人民「親日感情」的支撐，由此想要認定日本對侵掠臺灣作為殖民地的罪責，進行歷史反省，便比較困難。許多日本研究者沒有抱著真誠面對歷史、從中吸取教訓的基本態度。

第二，就是應重新探討明治國家形成過程中「文明化」的意義。「文明化」在促進國內現代化意識方面發揮著不可低估的浸透力。為了對外擴張，須將殖民地的人民視為「野蠻人」或者是啟蒙的對象，將進行「文明化」規定為日本民族的高尚使命。而事實上，所謂「文明化」，也是將在這一過程中派生的野蠻行為、暴力、侵略等給予正面解讀，將其「正常化」的意識過程。因此我認為，對於所謂的「文明化」意識，究竟是用了什麼方式，以怎樣的語言主張和強調的，有必要細究歷史，按照實際過程去加以梳理，以明確其欺騙性的內涵。

臺灣出兵的起因，是由於 1871 年（明治 4 年）9 月 13 日簽署的日清友好條約所規定的日清關係對等化。琉球王國本是中國「華夷秩序」朝貢體系中向中國朝貢的藩屬國，明治國家根據該條約規定，試圖將琉球王國作爲「琉球藩」歸屬於日本。我認爲，臺灣出兵是爲了對內外明確這一舉措而採取的強行手段。

1871 年，66 名琉球漁民漂泊到臺灣，其中 54 名被牡丹社居民殺害，日本決定對此報復，大舉出兵。

西鄉從道宣稱，對臺灣的報復措施是「日本帝國政府的義務」，「討蕃的公理也是基於此原則」。總之，臺灣出兵的目的是，爲了向內外表明琉球歸屬於日本。

也可以認爲，正是以「討蕃的公理」而試圖將臺灣出兵正當化的這種國家本質，構成了 1894 年臺灣佔領作戰的背景。

牡丹社事件紀念碑。

成爲臺灣佔領作戰起因的此前的甲午戰爭，也是與當時日本最大的外交懸案即朝鮮的藩屬問題直接相關的。

明治國家，將甲午戰爭宣傳爲「文明的戰爭」，即「文明國」日本與「野蠻國」清國的戰爭，成功贏得了國民對戰爭的支持。福澤諭吉以及內村鑑三等當時的著名知識份子，也採用行使「文明」國家的正當權利這樣的解釋，積極支援日清戰爭。

日本企圖領有臺灣有以下背景。爲了成爲亞洲的帝國主義國家，日本必須領有若干殖民地，正如外務大臣陸奧宗光在《蹇蹇錄》中所表述的那樣，與朝鮮並重的臺灣是「必進入之地」，爲對抗歐美諸帝國主義國家，無論從政治經濟上，還是軍事上，對朝鮮、臺灣的領有都被視爲當務之急的課題。

但是，鑑於與俄羅斯的關係，不得不調整該時期日本對朝鮮的政策，因此領有臺灣必然成爲最優先的考慮。

因此，在沒有被列入清國的華夷秩序、被視爲「化外之地」的臺灣東部蕃地發生牡丹社事件（1871年1月）之後，圍繞事件的處理，明治政府在經過一番斟酌後，終於在1874年（明治7年）2月6日內閣會議確定了「臺灣蕃地處分要略」。

該要略第一條即表明：「清國政府將臺灣土蕃部落視爲政權所不及之地。證諸清國從來刊行之書籍，特別是去年前參議副島種臣使清之時，清朝官吏的回覆也可判明其爲無主之地，道理充份。就我藩屬琉球人民被殺，實施報復應爲我日本帝國政府之義務，討蕃的公理也由此大有根據。至於處理之道，則以討蕃撫民之役爲主。」（外務省編《日本外交文書》（10）第7卷，日本外交文書頒佈會1955年出版）。

也就是說，正因爲臺灣蕃地位於華夷秩序外域，明治政府

對其強行發動軍事行動。

　　當時明治政府內對臺灣出兵問題的態度並不一致。1874年4月18日，木戶孝允表明反對出兵之意而辭職。山縣有朋和伊藤博文也對此抱消極態度。同時，英國、美國、俄國也鮮明地表示對日本出兵臺灣持不予協助的態度。結果，明治政府一度中止了臺灣出兵。

　　被任命為臺灣事蓄地務都督（臺灣遠征軍司令官）的西鄉從道陸軍中將，已經在長崎港為出擊臺灣做準備。他對明治政府的中止決定提出異議，並於5月2日採取了使先鋒部隊出擊的措施。為了阻止西鄉的蠻幹而前往長崎的大久保利通，對西鄉勸阻失敗，結果卻只能對出兵事實予以事後確認，並作了相關承諾。最終，強行實施的臺灣出兵，投入了約1000萬日元戰爭費用和約3600名兵士。

　　臺灣平定後，明治政府的事後處理，圍繞所謂「賞金說」和「領有說」兩種選擇方式展開了爭議。據判斷是因難以承受「領有」所伴隨的財政負擔，故採納了「賞金說」（換算成賞金將佔有地歸還給清國）。由此也證明在殖民地領有國所需的相應資本力以及維持秩序的軍事力量方面，日本還內府空虛，並不具備相應的實力。

　　在此情況下，日清之間進行了多次交涉，最終清國承認日本對臺灣出兵屬於「保民義舉」，日本得到50萬兩白銀（約折合77萬日元）的償金後從臺灣撤出。10月31日，日清之間簽立了「互換條約」、「互換憑單」，結果是清國和日本相互承認琉球、臺灣為對方領土。

　　作為臺灣出兵的解決方式，這一條約的內容表明，日本政府基本上再次接受了清國外交原則的華夷秩序以及冊封體制的

現狀。由此，也對按照傳統向清國朝貢、由清國册封的朝鮮王國的關係採取了愼重姿態。

當時，朝鮮對清國和日本兩方面都結有朝貢關係，與日本和琉球締結有稱之爲「交鄰」的對等關係。日本雖然一方面容忍這種名分不清的外交關係，一方面又不安於現狀，故終於在臺灣出兵 10 年後，再次籌畫脫離或者解體華夷秩序，開始與清國發生爭端，即甲午戰爭。由此發展起來的帝國日本，以後更面向亞洲肆意尋求侵略的機會。

萬國公法秩序

自臺灣出兵開始，日本政府內部已預料在亞洲地域遲早會迎來與帝國主義列強對立和競爭的時代。由此，日本開始籌畫和構想解體清國的華夷秩序，向亞洲地區入侵。

明治政府主張依據萬國公法秩序，獨立國家間建立在法律上對等和相互平等原則上的秩序，才是普遍的世界秩序，藉此爲反對舊有的華夷秩序、進而使之解體的理論基礎。

萬國公法秩序，又可稱之爲橫列型秩序，與華夷秩序這種將清國作爲最高朝貢對象的階層型的秩序完全不同。這是按照國際法的一定規則而形成的世界秩序，被視爲新興國家的日本對此十分歡迎。另一方面，該秩序又不完全否定戰爭手段和殖民地政策，顯然也是爲帝國主義列強所中意的世界而準備的。

以臺灣出兵爲契機，明治政府內部已準備解體華夷秩序，開始出現以形成萬國公法秩序爲目標的國家戰略。其最初的構想是，通過切斷清國和朝鮮的關係解體華夷秩序。

另一方面，清國雖然將臺灣東部蕃地視爲「化外之地」，

卻也確認是本國領土。所以，在圍繞臺灣問題的日清交涉中，恐難免會出現談判決裂的可能性，對此在日本國內也有戰爭不可避免論出現。也許鑒於這樣一種背景，清國在日軍從臺灣撤出後，對臺灣的關注比以往加重了許多。

清國先是簽署了日清友好條約（1871 年 9 月 13 日），之後又承認了日朝間簽署的日朝友好條約（1876 年 2 月 27 日），可以說也已抱有一種參與國際法秩序的姿態。

但是，由於日本的臺灣出兵，彰顯了本國領土可能被侵佔的危機，清國表現出的反應比預想的更為強烈。臺灣是清國領土的一部分，即使部份是「化外之地」，亦不可拱手讓人。20 年後發生甲午戰爭的主要原因也在於此。

所謂甲午戰爭，可以看作是由臺灣出兵嘗到甜頭、並企圖形成萬國公法秩序的日本和力保華夷秩序的清國之間的衝突，也可以說是近代亞洲利益格局重組過程中發生的不可避免的事件，具有鮮明的時代特徵。

根據上述分析，我認為僅以圍繞佔有朝鮮而產生的帝國主義對立論或霸權爭奪論來看待臺灣出兵，理由是極不充分的。

侵略模式

歷史時常會有其弔詭的一面，以臺灣出兵為遠因的甲午戰爭的結果，根據 1895 年（明治 27 年）4 月 17 日簽署的甲午和約，終使日本獲得臺灣和澎湖列島。

另一方面，以反對將臺灣割讓給日本的臺灣漢人有權勢者和鄉紳階層為中心，發表了臺灣民主國家的《建國宣言》（1895 年 5 月 23 日）。臺灣人由此開始了反對臺灣殖民地化

的抵抗運動。

根據當時日本政壇元老之一松方正義所述，對於日本來說，臺灣是「南門的關鍵」，是「北守南進政策的第一根據地」（德富豬一郎編《公爵松方正義傳》，公爵松方正義傳記發行會 1935 年出版），認為佔領臺灣就可以保證向印度支那半島、馬來半島、以至南洋群島擴張。

這之後，實際上明治國家的指導者就已經明確地將臺灣真正作為日本南進政策的一大據點了。

同時，英國、俄羅斯、法國等當時的諸強，也對領有臺灣以及澎湖列島抱有極大興趣。鑒於此，日本採取先發制人，加緊了軍事佔領。

儘管臺灣軍事行動付出了極大犧牲，最終是以對臺灣實施殘酷壓制而達到了軍事佔領的目的。這是在與帝國主義列強的爭奪中，鮮明地表明日本也將以帝國主義立場而躋身其間的典型的侵略戰爭。

從臺灣出兵（1874 年）到甲午戰爭（1894-1895 年）所表現出的侵略模式，成為這之後日本帝國反覆運用的侵略模式的原型。也就是說，在既定的侵略目的地故意煽起危機，然後以應對危機為藉口，貌似正當地行使武力。

日俄戰爭也是同樣。為將朝鮮半島置於日本領有之下，設定了俄羅斯奪取朝鮮半島的危機，由此引發了戰爭。滿洲事變更是如出一轍，為了證明本來就是通過日俄戰爭獲得的「滿蒙」（中國東北地域和內蒙古）權益受到侵犯，不遺餘力地製造輿論。

佔領臺灣的過程，使日本開始領有殖民地，朝帝國主義國家轉變。日本在臺灣所顯示的，是利用軍事強力對亞洲民眾進

行殘酷統治和壓迫的體制，日本開始赤裸裸地暴露出其民族自大的、排外主義的思想意識。

通過日俄戰爭，於翌年（1905，明治 38 年）9 月 15 日簽署日俄和約（朴茨茅斯和約），日本獲得南樺太（南庫頁島）和租借地關東州以及滿鐵附屬地。

繼而，按照 1910 年（明治 43 年）8 月 22 日簽署的日韓條約，日本強行併吞了韓國。稍後，同年 8 月 29 日，日本將韓國的國號再次稱爲「朝鮮」，設置了朝鮮總督府。

1914 年（大正 3 年）年 8 月 23 日，日本站在協約國一方與德國開戰，由此而領有了原爲德國佔領的散佈在密克羅尼西亞（Federated States of Micronesia）的新俾斯麥群島（Bismarck Archipelago）等。

日本帝國，以戰爭爲手段推進資本主義和實現近代化，在不到半個世紀的時間內，實現了與歐洲列強同樣作爲殖民地領有國的夢想，大大擴張了帝國的經濟圈。

對日本來說，維持擴大經濟圈和確保從統治地域獲得利益，成爲甲午戰爭和日俄戰爭以後最大的國家目標。

爲了將統治地域作爲日本的經濟圈加以有效地利用，並確保將由此獲得的利益順利返流到日本，需要確立和遵循一定方針，實施一定的經營戰略。

在甲午戰爭及日俄戰爭之後，成爲領有殖民地國家的日本，將殖民地以及統治地域作爲國家發展的基礎。當時日本的領導層爲整備國家體制以備日俄再戰，提出了以增強國力爲目標的「戰後經營」。

同時，圍繞「戰後經營」的方式，統治層內部產生了對立衝突，關係變得複雜。經過各種協調和妥協，最終爲維持擴大

的統治地域，確立了保有強大軍事力量和對統治地域實行強權統治的體制。但是卻事與願違，這一做法導致了日本國力疲憊。

「戰後經營」開始成為日本帝國重大的內部壓力。一直到亞洲太平洋戰爭為止，在亞洲諸地域殖民地市場爭奪激化的過程中還同時伴隨有種種外部壓力。作為殖民地保有國家如此受到來自內部及外部的壓力，這恐怕是始作俑者們沒有想到的，故而在政策執行中顯得動搖不定。

「戰後經營」其實不僅限於以殖民地為主的統治地域的「經營」這一問題，可以說還關係到政治、經濟、外交、軍事等諸多領域的課題。

圍繞「戰後經營」的方式，加之國內政治以及軍事、外交格局不斷變化，領導層內部的對立和妥協反覆交替進行。在這一意義上講，解讀日本的「亞洲經營」的實質，實乃把握日本近代史的脈絡所必需。

大東亞共榮圈

日本帝國進行「戰後經營」的地域，是以「本土」為基點向外擴張的同心圓。

雖然臺灣和朝鮮這兩個直轄殖民地離中心最近，但在亞洲太平洋戰爭結束之前，是以日本、滿洲（中國東北部）及新佔領的中國許多領土為「東亞新秩序」建設的主要目標，並且將其經濟圈進一步構想為以「日滿華」為核心的「大東亞共榮圈」這一更為廣大的地域。

這是在與英國、法國、美國等先發資本主義諸國業已形成

的固有經濟圈的對抗關係中摸索而形成的。在資本和技術方面均處於劣勢的日本，為抗衡列強而只能過分倚重於軍事力量，軍事力量則需要一定的經濟圈作為經濟基礎。

　　日本帝國以甲午戰爭奪取臺灣和日俄戰爭後涉足滿洲為開端，又於第一次世界大戰後領有南太平洋的密克羅尼西亞。進而在亞洲太平洋戰爭中，斷然對東南亞實施軍事佔領政策，在該地域實質上也成功地實施了殖民地化或者市場化。

　　這樣，在推進亞洲諸地域的殖民地化和市場化過程中，以日本帝國的「本土」為基軸，從直轄殖民地（臺灣、朝鮮）到傀儡國家「滿洲國」，再到半殖民地化的中國、軍事佔領地的馬來西亞、印尼、菲律賓等廣大地域，就形成了兩圈、三圈乃至更多的的環繞日本的同心圓。

　　日本從其勢力圈各個地域中獲得的價值，並不是完全相同的。臺灣作為日本國內十分缺少的砂糖、樟腦等產品的粗加工基地受到重視。朝鮮作為將來向大陸國家日本飛躍的橋頭堡，具有戰略作用。當然，評價臺灣和朝鮮的價值標準，實際上是多樣的。

　　但是，對英美開戰所獲得的東南亞以及太平洋諸島的價值，在1943年（昭和18年）年5月31日御前會議上確定的「大東亞政略指導大綱」中，明確有如下記載：西伯里斯島（Celebes，後改名為蘇拉維西〈Sulawesi〉，印尼），蘇門答臘島（Sumatera，印尼）、瓜哇島（Java，印尼）、婆羅洲島（Borneo，印尼）等，「確定為帝國領土，努力作為重要資源的供給源進行開發，並掌握民心。」（防衛研究所戰史部圖書館藏《御前會議議事錄》）。

　　由此可知，以多種目的領有的統治地域，同時又是產生軍

事、經濟利益的對象。爲了維持並從中獲得利益，進而促進擴張的「經營」戰略，是在領有臺灣、朝鮮之後就已經形成的構想。

可是，對於用「戰後經營」一詞所概括的日本帝國主義對殖民地以及統治地域的經營本質，有必要用概括近代日本整體發展的用語「帝國經營」來加以進一步梳理。

「帝國經營」的內容和表現形式在各個地域是有所不同的。既有諸如在殖民地臺灣和朝鮮設置總督府、以軍政形式實施統治的地方，也有像「滿洲國」一樣，雖然表面上是該國的皇帝和政府在發號施令，但實質上完全是作爲日本的「傀儡國家」，是由日本軍政官員強行實施完全統治的地域。

另外，還有被日本承認爲「獨立」，事實上卻通過「保護國化」實施統治的緬甸和菲律賓等地。在這種意義上，也可以認爲是當年的臺灣出兵成爲萌發和促進「帝國經營」思想的契機。

甲午戰爭的評價

不言而喻，繼臺灣出兵之後的對外戰爭——甲午戰爭，對以後侵略思想的展開具有決定性的影響。甲午戰爭是圍繞領有朝鮮半島而與中國展開角逐所引發的戰爭，是地地道道的對朝鮮的侵略戰爭。

日本由此獲得對朝鮮半島事實上的統治權，明確了大陸政策的框架。朝鮮半島被確立爲日本進攻大陸的橋頭堡。

在甲午戰爭中，日本迅速取得勝利，爲日本在國際政治上的地位帶來很大轉機，使之從西方列強面前的被侵略國、被壓

制國的地位，向與西方列強同一性質的侵略國、壓制國轉變。

　　從幕府末期開始的對朝鮮、中國的侵略思想，在甲午戰爭中不再是議事桌前的空論。在日本通過軍事力量而將昔日夢想付諸實施時，不僅限於大陸進攻論的鼓吹者，在許多普通國民的意識中，「亞洲強國日本」的印象也突然增強，這是不難想像的。

　　甲午戰爭所帶來的「強國日本」的印象，通過從明治 20 年代到 30 年代接連創刊的代表明治媒體的報刊得到進一步增強。這一時期，國民對教養、娛樂等需求增多，是報紙雜誌媒體影響力極盛的時期。

　　例如，正值甲午戰爭期間於 1895 年 1 月創刊的《太陽》雜誌，採用的這一刊名即寓示了「現在進攻大陸的日本受到亞洲以至世界的注目，是將來充滿榮光的國家，其存在正如同『太陽』一般」。

　　另外，在同年 11 月創刊的《東洋經濟新報》上，町田忠治（1863-1946）就創刊的意義有如下論述，即「成為東洋唯一的立憲強國」的日本為了發展成更加強大的國家，「若將西歐諸國欲要奪取的東洋貿易控制於我手，將來不定何時，將能夠把握住東洋的商權」。該雜誌為確立日本在亞洲的經濟霸權而積極提供信息，顯示出極大熱忱。

　　具有這種基調的雜誌還可列舉許多。比如《世界之日本》（1896 年創刊）、《中央公論》（1899 年創刊）等。像這一類的雜誌，力圖在國民意識中創造一種「大國意識」以及「一等國意識」，也確實如願起到了重要作用。

　　「大國意識」以及「一等國意識」，一方面必然是創造妄自尊大的國家主義，與此同時，以甲午戰爭為起點而陡然增強

的這種意義上的內向國家主義，必然帶有強烈排外主義傾向，可謂又明顯轉換到了外向國家主義。

內向國家主義是以國家為本，以保守或堅持民族傳統文化為最大的價值目標。而外向國家主義最主要的則是在將日本與其他民族和國家的對比中，確保日本國家佔有絕對優勢地位為價值目標。由此，外向國家主義必然包含有對其他民族以及其他國家根本的歧視意識或蔑視感。

另一方面，以甲午戰爭和日俄戰爭為界而真正開始的初期帝國主義，還須依靠向英國等外國貸款來維持日俄戰爭費用，屬於尚未成熟的帝國主義國家。

日本帝國主義須依賴歐美、明顯地缺乏自足性的未成熟的帝國主義這一現實，是大陸侵略思想蘊含的的急欲向中國大陸擴張心態的根本要因。與此形成對照的，是潛意識中所存在的對歐美極其卑屈的從屬心態。

日本主義的形成

蘊含著這樣的心理原因，在日本帝國主義思想開始真正形成的過程中，值得注目的恐怕是在《太陽》雜誌中主持論爭的思想家高山樗牛（1871-1902）的日本主義論。

高山尖銳地批判說，佔據明治思想界主流的國粹主義過於強調反歐化理念，不能超出一國本位的範疇，只能提供缺少世界史視野的議論。

因此高山主張的是蘊含有日本向世界國家飛躍志向的理論，是一種超越國粹主義的「日本主義」的思想體系。按照「日本主義」的理念，應從思想上、精神上強制動員國民面向

日本國家共同體，將國家的價值以及國家的利益置於高於一切的首要位置。

「日本主義」不像國粹主義者所強調的那樣，只是在日本文化傳統和遺產方面求得民族一體感。「日本主義」主張爲對抗西方列強的侵略，最重要的是在創建一個優越於其他國家的強國的價值目標中，必須求得民族一體感。

正是向自足的帝國主義國家的轉換，成了「日本主義」的本質命題。此中最爲迫切的課題是，要建設一個足以與歐美先進帝國主義並立和進行競爭的強大亞洲國家。

在展開這種議論的過程中，反覆被強調的是日本民族的擴張性。而鼓舞這一擴張性的即前所述及的德富蘇峰的《大日本膨脹論》。正是德富的日本擴張論，成爲之後漸漸形成的日本人的大國意識或「帝國意識」的雛形。

在這一點上，與高山樗牛對國粹主義的批判同樣，德富的擴張論也對國粹主義的保守性進行批判，主張尋求在外向性方面爭取日本國家以及日本民族的發展。總之，主張面向國外尋求發展。

這實際上就是侵略思想的本質，德富因甲午戰爭的獲勝，獲得向侵略思想飛躍的契機。對於德富來說，正是並非出於防衛而是主動進攻的甲午戰爭，提供給日本國家向大陸膨脹的一個大好機會。

在該時期，除了德富蘇峰之外，還有歷史學家山路愛山（1864-1917），他倡導積極參與世界殖民地爭奪戰，作爲爭取到參與地位的「大國民」日本民族，他主張應奉行只有強者才能夠在帝國主義戰爭中堅持到底的「適者生存論」。

另外，還有思想家浮田和民（1859-1945）就包括日本在內

的諸強分割世界的合理性和必然性而命名的「倫理的帝國主義」等等。這些主義學說都被廣爲宣傳，五花八門的帝國主義侵略思想在輿論界發揮了極大的影響力。

在德富蘇峰以及福澤諭吉等代表明治時代的知識份子所表述的使甲午戰爭完全正當化的言論中，論述了爲對抗歐美列強須加強日本防衛，以及改革朝鮮、中國的必要性。同時，將西方列強的動向視爲日本國家總體的危機，將甲午戰爭積極評價爲日本國家擴張的一大契機，這些認識可謂根深蒂固，並且影響著日本國民。

在「戰後經營」的名目下

明治 20、30 年代的大陸侵略思想，日俄戰爭後，在已然成爲最大政治賭注的所謂「戰後經營」的國家目標中被繼承延續下來。

1906 年（明治 39 年）1 月 25 日，政友會出身的西園寺公望首相在第 22 次帝國議會的施政方針演說中講道：「滿洲經營與韓國保護同時爲帝國發展而努力，國力的發展也刻不容緩」（大津淳一郎《大日本憲政史》第二卷、寶文館 1924 年出版），強調向滿洲和朝鮮半島的擴張和經營應佔據國家發展的重要位置。

此即表示以軍事力爲背景，將抵抗西方列強、在中國和朝鮮爭奪霸權做爲國家目標。正是這一「戰後經營論」的展開，進一步加速了日俄戰爭後日本大陸侵略思想的眞正形成及實踐。

最終，到明治中期，侵略思想眞正進入付諸實踐階段。其

直接執行者是日本陸軍。陸軍在整個日俄戰爭期間，動員了 109
萬人的兵力，死傷人數 12 萬人，投入戰爭費用 17 億日元。

其結果是，日本領有樺太（庫頁島）南半部、以及獲得俄
羅斯租借地（旅順、大連）和南滿鐵路及其附屬地的權利，並
且獨佔了對朝鮮半島的統治權。日本一舉擴大了殖民地，在外
獲得權利，開始步入了自足的以及被外部公認的帝國主義國家
之路。

大陸侵略思想有一個形成過程，本是以大陸政策的形態逐
漸發展。最終，1906 年（明治 39 年）2 月 9 日，由大山嚴陸
軍總參謀長上奏，根據明治天皇採納的《明治 39 年度日本帝
國陸軍作戰計畫策定要領》，而成為了正式文書。

該文書中明確記載「明治 39 年度以後帝國陸軍的作戰計
畫採取攻勢原則」的條文（陸軍省編《明治天皇饗傳記資料明
治軍事史》下卷，原書房 1979 年出版），改變以往的守勢作
戰，採用攻勢作戰為戰略上的基本方針。

以後，日本陸軍的作戰計畫一貫採用攻勢作戰。大陸侵略
作為與日本國家發展密切相關的行動，被作為實踐的對象。

下面通過在陸軍中大力推行大陸侵略思想的軍事官僚田中
義一（1864-1929）的資料，介紹一下該時期日本陸軍的大陸侵
略思想的內容。

田中在 1906 年（明治 39 年）撰寫的《隨感雜錄》中，就
「明治 39 年日本帝國陸軍作戰策定要領」的預想寫道：「戰
後經營並非僅僅具有決定陸海軍兵力的單純意義。詳述關聯我
帝國國策的大方針，在海外須擁有保護國和租借地。並且日英
同盟的結果並非以向來的單獨守勢作戰為國防之本質，而必須
以攻勢作戰為國防的主要著眼點，戰後經營的第一要義當以此

爲基礎。」（防衛研究所戰史部圖書館藏《田中義一關係文書》卷八）。

田中的國防思想駁斥了山本權兵衛（1852-1933）所代表的海軍主流派同時期主張的「島帝國」論，赤裸裸地表露了要構築「大陸國家」日本而謀求國家發展的方針。

同時，這一內容又徹底承襲了德富蘇峰等的擴張論和帝國主義思想。1907 年（明治 40 年）4 月，這一方針成爲「帝國國防方針」而正式被確立下來。

在此，介紹在該過程中表現出的對中國的認識。

1906 年（明治 39 年）8 月 31 日，山縣有朋接到了田中義一起草的「帝國國防方針案」（通常稱爲「田中奏摺」），其中有「國利國權的擴張應首先計畫向清國擴展」，將中國確定爲「國利國權」的對象。並斷言道，侵略中國是「帝國所賦予的權利」。

田中對中國認識的根底中，還是具有難以消除的歧視意識。正如其所言「清國沒有自我保持國內秩序之能力」，他對主權國家中國的統治能力抱有過低評價。同樣，他在《隨感雜錄》中也寫道，「清國將來要取得大的發展，達成可能挫敗各國欲望的盛運，還爲時甚遠，幾乎近於空想」。

但是，實質上負責擬定「帝國國防方針」的山縣有朋，並沒有像田中那樣率直地散佈排除中國之言論。

例如，在「戰後經營意見書」（1905 年 8 月）中，山縣有朋主張，準備與俄羅斯再戰，「第一，密切與清國政府的關係，通過該國的進步發達以圖東洋安定」（大山梓編《山縣有朋意見書》，原書房 1966 年出版）。

山縣所推行的中日一體論主張，與中國保持對等地位，通

過加強外交關係和聯合，共同對抗俄羅斯的威脅。

　　山縣在《對清政策之所見》（1907 年 1 月）中也主張，對俄戰爭中維持清國的中立態度。即，雖然對中國國內象徵收回利權運動的反日態勢抱有警戒之念，但不是以戰爭政策去對應，而是「對清國主要著重交情，避免引發無謂的誤解」（同上），堅持以慎重之態度處理對中外交。

　　這的確是合理的判斷，但是由山縣擬寫的正式文書《帝國國防方針案》（通常稱作「山縣奏摺」或者「山縣元帥奏案」）中，亦有「將來我國利國權的擴張以計畫向清國擴展為有利」，幾乎照本宣科地沿用了「田中奏摺」。可以說其對中國的作戰概要，或者對中國的認識與《田中奏摺》如出一轍。

大陸國家構想的實現

　　在《帝國國防方針》第一項「日本帝國的國防方針」中，強調了「國權的擴張」首先以滿洲和韓國為對象,其次從東南亞向太平洋擴展。該國防方針認為，從這些地域獲得利權關係到「增進國利民福」，主張由日俄戰爭所獲的滿洲以及韓國的利權進一步擴大，同時今後的使命是向亞洲太平洋地域擴張日本的勢力。

　　該內容與田中義一在《隨感雜錄》中展開的「大陸國家」構想相差無幾。田中設想的建設「大陸國家日本」不僅成為國防針的中心，並且作為國家政策規定著以後明治國家的發展道路。

　　當時以日本海軍為中心另有一種堪稱國家構想的「守勢國防論」和「島帝國論」。田中主張的建設「大陸國家日本」，

換言之就是「攻勢國防論」以及「大陸帝國論」，實質上否定了海軍的論述。以田中爲首，特別是日本陸軍反覆強調向大陸開拓發展日本的途徑。

根據田中的主張概括形成的《大陸國家日本》戰略，可以說是積極採納從明治初期到中期輿論界大肆鼓吹的大陸進攻論和擴張主義的結果。

在國防方針中如此規定下來的對中國政策，在此後諸多重大事件中都有所表現，包括：第一次滿蒙獨立運動（1912年）、第二次滿蒙獨立運動（1915-1916年）、第一次奉直戰爭（1922年）、第二次奉直戰爭（1925年）、郭松齡事件（1925年）、第一次山東出兵事件（1927年）、炸死張作霖事件（1928年）、第二次山東出兵事件（1928年），以及到成爲中日15年戰爭觸發點的滿洲事變（1931年）等等，日本的對中國政策正是通過這些直接間接的軍事政治行動而付諸實施。

在日本政府以及日本軍部中，以德富蘇峰爲先驅所提倡的「中日聯合論」可謂影響深遠，在之後的陸軍省新聞班擬定的「提倡強化國防的本旨」（通稱《陸軍手冊》，1934年10月頒佈）就有「日滿一體化論」以及「日滿支一體化論」，石原完爾（1886-1949）的《東亞聯盟論》以及《大東亞共榮圈思想》中都滲入了其內容。

這些論述的共同之處就是，將侵略事實自我正當化。例如，《東亞聯盟論》的原作者宮崎正義的《東亞聯盟論》（改造社1938年出版）中寫到「滿洲國」於1932年的建國具有「東洋解放以及新建設的、道義的、文化的意義」，即代表了這種心態。

　　進而，中日全面戰爭開始（1937 年 7 月）後盛行的「東亞協同體論」以及三木清（1897-1945）等所提倡的「東亞共同體論」，希望持續構築與亞洲各國的聯合，一方面從正面接受中國民族主義，另一方面也主張在相互諒解的基礎上追求新的聯合方式。

　　但是，這樣的議論解釋的眞意，也是爲了繼續進行大陸侵略，不是爲了克服提倡亞洲聯合的矛盾。

　　1938 年（昭和 13 年）11 月 3 日，以近衛文麿內閣的《東亞協同體論》爲基礎的《東亞新秩序建設聲明》（第二次近衛聲明）出檯，結果表明，這也只不過是隱藏日本霸權思想的眞實意圖的政治手腕罷了。

　　大概從 1940 年開始登場的《大東亞共榮圈》思想，在日美開戰 1 年後，仍是完全看不到以亞洲聯合爲志向的思想動機，正如歷史事實所表明的，徒以其完全的僞善性而臭名昭著。究其實質，只不過是爲了壓制來自被侵略各國的反日鬥爭，可以說僅僅是日本政客和認同侵略的知識份子們所幻想的一種大東亞共同體。《大東亞共榮圈》思想中所蘊含的對朝鮮、中國旣不公正也不切實際的認識，今後也有必要進一步反思和總結。

強者和弱者

　　在本章結束之前，我想再次強調以下兩點。

　　第一，亞洲論所內含的大陸侵略思想，並不一定採用赤裸裸的軍事第一政策，反而是避開軍事第一政策，而較多地使用了與文明以及文化有關的用語和觀點，想要掩蓋侵略意圖的手

法顯而易見。

臺灣殖民地統治所顯示的、伊澤修二的國語教育所代表的「同化政策」，以及第一次世界大戰以後根據民族自決的趨向而出檯的朝鮮殖民地統治下的「文化政策」等，就是這樣的典型事例吧。

這樣的做法弱化了國民對侵略事實的認識，反而使之積極接受侵略思想，易於被侵略戰爭的動員所蠱惑。

第二，侵略思想早在甲午戰爭期間就確定下來，並從根本上被視為提高日本國家政治地位的手段。在與歐美列強進行抗爭方面，無論經濟上還是軍事上都深感差距懸殊，由此，日本急欲借此在亞洲諸國中獲得優勢地位，以消除相對於歐美諸國的劣等感。

在深感與歐美對抗力不從心時，表現出對「強者」（歐美列強）的依存和從屬，對「弱者」（亞洲諸國）的侵略和統治。雖然要掌握這樣的對稱性（symmetry）十分艱辛，但日本仍努力試圖保持作為國家，以及「國民」精神上的平衡。為了儘早消除相對於西方列強的劣等感，日本需要對外侵略和擴張，這決定了侵略思想的基本構造。為了試圖擺脫「威脅」，便簡單地憑藉強兵耀武的體制。可以說這種思想認識一直到戰後的今天還依然延續著，這麼說並非言過其實。

「大東亞共榮圈思想」是幻想的巨大共同體構想。它試圖將日本從「威脅」中解放，卻以自己變身為亞洲諸國的「威脅」而告終。而其深植於國民意識中的「威脅」，只要不深刻地反覆挖掘有關的歷史事實，那麼即使現在也沒有完全消除，這一「威脅」仍在不斷釋放著負面的連鎖反應。

「大東亞共榮圈思想」，不僅是一部分軍事官僚和右翼言

論人的口號。因爲已成日本人根深蒂固的觀念，很難創造一種理論和思想加以消除。

我認爲，認識亞洲論中內在的侵略思想，對其進行剝繭抽絲的理論剖析是必要的。必須將其理論架構和思想淵源作爲不斷探求的課題。若非如此，就很難產生有效的對抗性的理論，與如今仍在繼續散發毒素的侵略思想，以及伴隨著新形態表現出來的法西斯主義或者國家主義思想進行抗爭。

在今天的日本，依然有揮之不去的「大國意識」以及「帝國意識」，與蘊含著新國家主義要素的各種思潮連結時，帶有似乎和以前一樣的國防國家主義的色彩，多少有向新的侵略思想發展的可能性。

將經濟快速發展的中國這一新的「大國」視爲「威脅」，作爲與之對應的措施，一邊試圖依存於美國，一邊準備再次隨波逐流於強兵耀武戰略以及國家主義的潮流中，如今不正是處於這麼危險的時代嗎？正是在這樣的時期，才更需要不斷重新回顧歷史、促進自省。

第三章

日本「戰敗」
是敗給了誰？

1. 戰敗和投降

「敗給了美國」的日本人

　　日本在亞洲太平洋戰爭中戰敗了。這是大家所公認的歷史事實。那麼，日本究竟是敗給了誰，具體在何時、又是在什麼情況下戰敗的呢？

　　戰後很多日本人都認為「日本敗給了美國」。因為 1945 年 8 月 6 日和 9 日，美國在廣島和長崎投下了 2 顆原子彈，使日本遭受了人類未曾有的災難。所以一般認為日本是在以美國為首的盟國部隊絕對優勢的戰力面前，被迫投降的。

　　由於對戰敗抱有這樣的認識，也許可以說戰後日本人一直想努力從戰敗的痛苦中掙脫出來。

　　迫於美國的強大而投降這一看法，也一直支撐著戰後日本人對美國的認識。對逼迫日本陷於戰敗境地的美國倍加嚮往，也被認為是促成締結日美同盟關係的理由。再者，也正是由於加強對美輸出主導型的產業構造，使日本取得了戰後經濟的發展。

　　然而，我並不贊同「敗給了美國」這種觀點。這不是堅決主張日本「不是敗給了美國」，也不是說「敗給了美國」這種認識完全就是錯誤的，因為最終確實是因為美國投放 2 枚原子彈才迫使日本戰爭決策層決意投降，下了「聖斷」，這些畢竟都是事實。

　　但是，我認為在這裏有什麼被忽略掉了。那就是忽視了迫

使日本最終走向戰敗境地的國家和民族的存在。而我在很久之前就有這樣一種認識，那就是日本是敗給了以中國為首的亞洲各國人民的抗日戰爭。

我認為意識到這一點的日本人決不在少數。例如，許多從中國戰場歸來的侵華日軍官兵，在談論與毛澤東率領的八路軍等共產黨軍隊的戰鬥體驗中，真實吐露了事實上的戰敗體驗，並加以記載。即使沒有直接提及戰敗體驗，但對中國軍隊的戰鬥力和勇猛頑強都坦率認同。

例如，熊澤京次郎在《天皇的軍隊》（現代評論社，1974年）中，曾記述了派往中國山東省萊蕪縣舊寒鎮第 59 師團（通稱衣師團）第 45 大隊第一中隊的鈴木醜之助伍長的證言，講述的是 1944 年（昭和 19 年）12 月，距日本戰敗 8 個月前的事情。

「進入秋季後到年末這段短暫的時間內，周邊的萊蕪、魯西鎮、吐系口鎮、范家鎮等警備隊接連被中國軍隊殲滅。這個舊寒鎮的分屯隊並不安全。距離皇軍據點約 300 米的對面是中國駐軍，近在咫尺、挎著步槍的中國士兵，簡直就像是守衛這邊安全的警備兵，從晝間開始一直在那兒走來走去⋯⋯，若是想從中國陣營朝這邊攻擊的話，大概 10 分鐘我們即可全部被殲滅，只是想對方不會故意發起攻擊罷了。」

像這樣的證言至今留存下來很多，而這些證言基本的共性就是，雖然體驗了戰敗的事實，但又不願意坦然承認，表現了這樣一種不自然的情感。我認為戰後日本人總結過去戰爭的錯誤就是由此而開始的。

在此，正如第二章所介紹的，一般認為日本在近代化中形成明顯的對中國的歧視。也就是說，日俄戰爭以後，日本人明

顯表現出的中國認識觀，使他們無論如何也不能接受敗給中國這樣的現實。

因為戰敗是既定的歷史事實，所以要求有正式的投降儀式。但是，戰後的日本人，對在此所說的究竟敗給了誰抱有錯誤的理解，同時，又將戰敗和投降混為一談。

戰敗和投降事實上是硬幣的正反面關係。在回顧亞洲太平洋戰爭時，我認為有必要首先將兩個事實區分開來重新把握，這樣做主要是出於兩種考慮。

其一是，戰後日本自一開始就將戰敗和投降的事實混為一談，對日本究竟敗給了誰這一問題沒有深入探究。其結果，從最初總結戰爭開始就存有誤解，從最初就扣錯了紐扣。

也就是說，戰後許多日本人，為了避免再次遭受戰敗的苦痛，以世界上最強大的國家美國為仿效的樣板，以成為像美國那樣的強大國家為努力目標。由此，戰後的日本人選擇了像美國那樣以大量生產和消費為基本的高度資本主義國家的發展之路。

即使在安定強大的保守政治所支撐的經濟成長路線上，「敗給了美國」這樣的歷史總結無論如何也是必要的。就是說，即便是為了完全肯定戰後日本的體制，這也是不可缺少的認識，同時也是一種思想方式。

「敗給了美國」這樣的總結，是與肯定戰後的日本直接聯繫在一起的。反過來說，對此加以否定，就會引發從根本上對戰後日本的發展方式持懷疑態度的立場。

1951 年 9 月 8 日的三藩市（舊金山）和約，解除了對日本長達 6 年的佔領。日本恢復了國家主權，重返國際舞臺。而在這之前的 6 年期間，由於駐留日本的部隊幾乎都是美國部隊，

或許加上當時同盟國軍隊最高司令官道格拉斯・麥克阿瑟又是美國人，日本和日本人因此不加任何懷疑，認定是由於美國參戰而戰敗，得出了向美國投降的結論。

其二是，關係到重新把握中日關係。

對於日本敗給中國的爭議即使暫且擱置不談，事實上戰後日本人對包括中國在內的對亞洲諸國的戰爭並未記在心中，或者說想要從記憶中將其抹去，這是很大的問題。

其理由實際上是多種多樣的。而最主要的是因為不能夠坦然從容地面對侵略戰爭的加害責任這一問題。或者說，其中在感情上還依然潛藏著對中國的蔑視。

許多日本老人曾從軍參戰、體驗過侵華戰爭，他們是中日戰爭的見證人。但是，他們即使敘談回憶過去的戰鬥經歷和戰場體驗，而對於中日戰爭究竟是怎樣的戰爭，在認識上一直抱有曖昧的態度。這或許是由於那是一場慘痛的戰爭，或是由於加害責任的重大，總之，有諸多的原因吧。

一個個戰鬥中的勝利體驗、佔領體驗成了舊官兵們談論的適宜話題。但是，他們在戰爭中既有加害的體驗又有被害的體驗，實際上是不得不在抑制這種矛盾中戰鬥，有的亡命於戰場，有的復員返鄉。

可以明確的是，一方面未能徹底取得對中國戰爭的勝利、最終失敗，另一方面在具體戰鬥中又體驗過諸多「勝利」，因而可說沒有「戰敗」，這是一種奇特的矛盾感受。

對於沒能體驗到徹底勝利而復員的官兵們來說，雖然沒有勝利歸來的感覺，但是談論戰敗經歷的人也是極少的。因為講述戰敗的感受，肯定會聯繫到自己過去的痛苦體驗。

也就是出於這樣一種心情，許多人仍幻想著至少是在以亞

洲大陸爲戰場的對中國之戰中取得了「勝利」，只是在以西太平洋爲戰場的對美之戰中「敗給」了美國，以這樣的心態來看待這場過去的戰爭並進行戰爭總結。

這種戰爭親歷者頗爲複雜的感情雖然是可以理解的，但是如果按照這樣的戰爭總結，無論到何時都不能夠加深對歷史的認識。我認爲，不探究戰爭究竟是敗給了誰這一問題，就不能夠從戰爭中汲取教訓。

特別是，包括中國戰場在內的對亞洲戰爭是一場侵略戰爭，這是毫無疑問的，只有開始認識到自身應承擔的加害責任，才能期待加深對歷史問題的認識。

同時，作爲現實問題極其重要的是，日本對中國的戰爭取得了「勝利」這樣的戰爭總結，阻礙了深入和正確認識中國。

到如今，只有明確承認「日本敗給了中國」這一歷史事實，才是正確總結戰爭之道。戰後如果許多日本人能夠自覺地認識和總結，承認對亞洲戰爭是侵略戰爭，亞洲民眾的抗日意識和抗日戰爭是迫使日本戰敗的決定性的理由的話，對亞洲人民的看法應該會有所不同，而亞洲各國人民對日本的觀感也會有所不同。

與日本同屬於戰敗國的德國，自覺地認識過去的戰爭是德國發動的侵略戰爭。爲了補償遭受侵略的各國人民，重返歐洲大家庭，德國努力否定所有的軍國主義制度和思想。

許多德國人，戰後正視由自己參與選舉的希特勒領導的納粹（德國社會主義勞動黨）所犯下的加害事實，認眞正確對待歷史。德國不僅換掉了戰前的國旗，整個國家都發生了變化。

由於這種自省及轉變的結果，德國將歐洲各國人民視爲自己的朋友。與此相比較，日本卻是採取一切方式力圖保存戰前

的權利，雖然試行改造諸軍國主義制度，卻都是極不徹底的。

　　日本依據「敗給了美國」這種戰敗總結，改編了戰前的日本歷史。最終，日本不承認「敗給」了中國，因而在對中國以及對亞洲的認識上，沒有發生大的改變。

　　日本是敗給了美國，而沒有敗給中國這一認識，極大地影響到戰後日本人對亞洲的認識，影響到他們對過去那場戰爭的歷史認識，這便導致了狹隘的思想境界。不僅如此，同時也失去了檢討舊觀念、樹立新的亞洲觀的良機。

　　現在，應該重新分別掌握戰敗的事實和投降的事實，重新反省戰後日本人無視或者輕視對中國之戰爭、對亞洲戰爭的狀況。

「日本人在亞洲沒有朋友」

　　原德國首相赫爾穆特・施密特（Helmut Schmidt）曾說過一句話，「日本人在亞洲沒有朋友」，早為衆人熟知。施密特痛感德國過去的侵略行徑，為了培育與歐洲各近鄰、各國人民的友情，作出了不惜一切的努力。

　　日本即使將亞洲各國視為貿易夥伴，但並不關心恢復因過去的戰爭而失去的亞洲人民的友情。這究竟是什麼原因呢？

　　可以說從根本上錯誤總結亞洲太平洋戰爭是最大的原因。

　　戰敗後，日本人把過去的戰爭稱為「太平洋戰爭」。如前所述，認為日本是在美國投下 2 枚原子彈的威懾下投降的，其結果是忘卻了日本是敗給了以中國為中心的亞洲各國人民的抗日力量這一事實。

　　「是因為美國而投降的」這一觀念，使戰後日本人心目中

產生過於對美國嚮往和依存的心態。但是，對戰敗認識上的錯誤，在很大程度上左右著戰後日本人對亞洲的觀念。這可以概括爲以下四點。

第一，表現爲不能從亞洲侵略戰爭中充分汲取教訓的姿態。

第二，對美國過度依存的體制，形成了延續至今的對美從屬或者日美同盟精神的基盤。

第三，對於和戰前期的日本軍國主義具有不同性質、卻也實屬信奉軍事合理主義的美國更加認同，「強權即公理」以及「壓制論」的意識和姿態變得越發顯著。

第四，與戰前同樣，對亞洲的蔑視感依然揮之不去。特別是在中國開始發展和崛起這一新的情況下，所謂「中國威脅論」又摻雜了進來，引發出更加複雜的排他、回歸戰前的心情。

以上這些，便是使得日本政府以及日本人對亞洲認識上扭曲，尤其是不想認眞清算過去的歷史問題的原因。不僅如此，甚至仍有人將對亞洲的戰爭說成是「解放戰爭」以及「正義的戰爭」。更甚者，將對臺灣、朝鮮的殖民地統治，反覆自我標榜爲對當地近代化作出了貢獻。

近來，在各種場合都會聽到有關歷史問題的議論，令人感到終於將歷史問題與評價侵略戰爭和殖民地統治這一問題聯繫起來了。現在批判侵略戰爭的歷史事實，努力從中汲取教訓的人們，已經開始給侵略戰爭和殖民統治附加上「責任」的言詞，也就是所謂的戰爭責任論。

但是，絕大多數人即使承認那一歷史事實，仍未能將其作爲批判的對象，而是將其視爲不可避免的日本近代歷史事實而

接受。從這樣的認識觀點出發來看待本歷史，便常常會積極予以評價，或者有時大加稱頌。

僅僅出於稱頌而刻意提高其正面價值，拒絕「侵略戰爭」的用語，美化殖民地統治，由此便出現了「亞洲解放戰爭」、「殖民地有助於近代化」等論調。

為什麼對於一個歷史事實會產生多樣的歷史認識呢？是因為歷史理解的難度，或者歷史本身的複雜性嗎？或者還是因為我們日本人將國家灌輸給我們的歷史刻記於內心，而不能夠面對真實的歷史課題呢？

一幅油畫

在此，想讓大家看一幅下面的油畫。在本書中這幅畫是黑白色的，但不消說，實際的油畫是彩色的。這幅油畫的作者是中國人民解放軍南京軍區一位名叫陳堅的畫家。

題名為《日落：西元 1945 年 9 月 9 日 9 時》的油畫，極其忠實地再現了被派往中國的侵華日軍（當時，叫支那派遣軍），向中國軍隊投降、在投降簽字儀式上的情形。

出席投降儀式的日方代表有當時任日本派遣軍總司令官的岡村寧次大將，總參謀長小林淺三郎中將，副總參謀長今井武夫中將，參謀小笠原清中佐，海軍的中國方面艦隊司令官福田良三大將，臺灣派遣軍參謀長澤山春樹中將，第三十八軍參謀長三澤昌雄中將，共 7 人。畫面右側靠近中央的兩個人，後面的是岡村，前邊的是福田。

與此相對的畫面左側站立著的是中方陸軍總司令何應欽一級上將。何是被通稱為「梅津·何應欽協定」的塘沽協定的中

方代表。何將軍在西安事變（1936 年 12 月）時，擔任伐共司令與汪兆銘（精衛）共謀策劃打倒蔣介石。但是後來作為蔣介石的左右臂，被視為親日派的將軍。

　　1945 年 9 月 9 日進行的日本投降簽字儀式（按漢語的說明是「接受投降儀式」），是在當時的中國首都南京市黃埔路原中央陸軍軍官學校大禮堂進行的。這裏，曾經是 1929 年 3 月舉行的國民黨第三次全國代表大會會址，至 1970 年為止一直用作中國人民解放軍軍事學院的校舍。

　　畫家陳堅，根據在重慶發行的《大公報》（1945 年 9 月 10日）「日軍簽字投降一幕」的報導而構想了這幅油畫。正如這幅油畫所描繪的，同盟國諸國的代表、新聞記者、以及市民數百人坐在旁聽席上，注視著這場簽字儀式。現在，陳堅此畫所

油畫〈日落〉、西元 1945 年 9 月 9 日 9 時。

參照的數張簽字儀式場面的照片在網上可以看到。

日本軍在派駐的當地，應該分別到投降簽字儀式會場，被就地解除武裝。但是，對戰後許多日本人來說，銘刻於心的應該是停泊於東京灣的美國戰艦密蘇裏號上的投降簽字儀式。

也許是這一原因，日本民眾大多認爲日本是向盟國軍隊以及美國軍隊投降的，這一印象在許多日本人心目中極其強烈。在以美軍爲中心的盟國代表面前進行投降簽字儀式，這是無可置疑的歷史事實。但是，另一個歷史事實是，在戰爭最激烈時期日本派兵多達 196 萬的中國的首都南京，的確也進行了日本軍投降的簽字儀式，正式承認向中方投降。

1945 年 9 月 9 日在中國南京的投降儀式雖然是確鑿的歷史事實，但是這張油畫所展示的向中國人民解放軍投降的簽字儀式的現場照片，很長時間在日本人中間並沒有被公開。這是出於何種意圖呢？還是資料公開遲緩拖延呢？對此無從知曉。

有一點是十分明確的，那就是戰後許多日本人並非想從正面來面對這幅畫所展現的事實，即日本也是向中國軍隊投降的歷史事實。

不僅是在中國的投降簽字儀式被忽略了，在過去被日本侵略過的諸亞洲地區進行的投降簽字儀式的情景也並沒有被納入視野。給日本人留下強烈印象的只是在美國戰艦密蘇里號上的投降簽字儀式的場景，而在中國南京的投降儀式、在亞洲各地進行的投降儀式的場景都模糊淡化了。

這一幅油畫向人們展示了，日本不僅僅只是敗給了美國。對於印尼、越南、菲律賓的人民來說，以及期盼從日本殖民地統治中解放出來的臺灣和朝鮮的人民來說，這一幅油畫會使他們再次想起，日軍最終被逼進投降境地，是敗給了日本派兵最

美軍戰艦密蘇裏號上的投降簽字儀式。

多的中國。

的確，現場照片的衝擊效果強烈，通過視覺和感覺銘刻在人們的記憶中。戰後，密蘇里號上投降簽字儀式的照片在許多場合被反覆引用。國內外出版的許多著作的封面都使用了這張照片，而用爲插圖的更是不勝枚舉。

雖說投降簽字儀式有盟國各個國家的代表列席，但是那是在象徵美國巨大戰鬥力的密蘇裏號艦甲板上，在戰艦的乘員以及記者們的注視之下進行的投降簽字儀式。在此所上演的一幕，是強調由於盟國軍隊，特別是美國軍隊的威力迫使日本投降的場面。

與此相對，在中國的投降簽字儀式，從油畫中可以看出從整體上籠罩在一種凜然的氣氛中，令人感到某種莊嚴。被迫遭受戰爭蒙受巨大災難的中國方面的要人、軍人，以及注視這一場面的中國民眾，表現出毅然堅決的態度。

陳堅的油畫，以及上載到網上的有關照片，像這樣的歷史

史料迫使我們必須重新考慮和確認，日本究竟是在什麼地方戰敗、以至投降的呢？

戰後日本人不願意承認敗給中國，其理由是多種多樣的。在此，通過對近代日本國家形成時期的中日關係史進行分析，再次來確認一下箇中所表露的日本人對中國的觀念。

我認為，不承認和不願意承認敗給中國的理由，在很大程度上不僅僅是信息量的多少及其質量高低的問題，更主要的是在於大多數的日本人所固有的對中國的認識觀，或者是在近代中日關係史上有錯誤的認識。

中日之戰是從何時開始的？

如果追溯日本和中國發生戰爭的歷史經過，就會面對應該如何確認戰爭起點的問題。近代的中日對立關係是從日本出兵臺灣開始的，但是在此，筆者想將日本向中國境內派駐軍隊的義和團事件作為侵略中國的起點來加以探討。

甲午戰爭以後，清朝面臨被歐美列強瓜分淪為半殖民地的危機。加之，清朝為了向日本支付巨額戰爭賠款，須增加稅收等等，極大地加重了民眾負擔，致使民眾對政府的反抗達到了極點。

在這樣的情況下，各地結成了以宗教為媒介的秘密社團組織，開始對抗攻擊政府。其中，勢力最強的就是名曰「義和團」的組織。

義和團在日益陷入混亂的清朝國內，不斷襲擊以傳教和贏利為目的外籍人士及其關係人。

清朝統治者也暗中利用義和團的力量抵抗西洋列強的勢

力，以冀能夠阻止外國勢力強行侵入中國。日本桂太郎首相將此視為「應該掌握未來東洋霸權的開端」（《桂太郎自傳 卷三》，平凡社 1993 年出版），認為這是向清國進行勢力擴展的絕好機會。

1900 年 7 月 6 日，日本政府通過內閣會議決定向清國派一個師團（約 22000 人）的兵力。當時，因為列強聯軍的兵力為 47000 人，日本派兵的數量大概相當於聯軍一半的兵力。

同年 9 月 7 日，清政府與聯軍之間簽署了「最終議定書」，結果同意支付 4 億 5000 萬兩白銀的賠償金，以及以保衛公使館和鐵路幹線為由同意各國軍隊的駐兵權。

根據這一駐兵權，日本向中國派遣了駐軍。正是這一軍隊，之後成為中日戰爭的主力部隊。所以，日本以義和團事件為藉口向中國投入兵力，可視為發起中日戰爭的遠因。

包括日本在內的外國列強，乘清朝國內混亂之機，推進對中國的殖民地統治，試圖通過軍隊擴大在中國的利權。列強的如此侵略行徑，是毫無正當性可言的。

以行使武力獲取的駐兵權（駐留權），是侵害主權的行為，是侵略軍。中國被迫成為帝國主義列強之間相互爭奪的犧牲品。

以甲午戰爭和義和團事件為主要起因，中國國內陷入了無政府狀態。國內一些有勢力的派別，有不少通過依附於列強而努力保護和擴大自身利益。另外，對於歐美列強來說，中國陷入缺少統一政令的無政府狀態，也正是擴張權利的大好時機。

日本以及西方列強，加速了中國的內戰，並使中國的形勢朝著「國際內戰」演變。在中國獲得權益上，落後於西方列強的日本，開始將中國的華北地區以及東北地區列入自己的勢力

範圍，此後更是積極尋求進入中國的機會。

這樣的良機，在第一次世界大戰時降臨了。日本爲了奪占德國的租借地靑島，襲擊了有德國基地設施的威海衛，攻佔了威海衛並據爲己有。同時，1915 年 1 月 18 日，大隈重信內閣的加藤高明外交大臣，以強硬的態度向中國政府提出「五號二十一條要求」。

對於中國來說，這是難以容忍的無理要求。其中心內容，第一號是，將德國在山東半島的權益轉讓給日本；第二號是，接受日本對滿洲及東部蒙古的統治權；第三號是，中日合作經營擁有諸多開採礦山權的漢治萍公司這一中國代表企業；第四號是，不割讓或不租借中國沿海及其島嶼的協定；第五號是，聘請日本人爲中央政府的政治、財政、軍事顧問，等等。

總之，企圖達到奪占德國在中國的一切權利，掌握中國東北地區的統治權，事實上控制中國的經濟基礎，侵犯中國的主權，並試圖從制度上干涉中國的內政。

這些內容極大地侵犯了中國的主權。對於這種過度要求，甚至美國及英國等也提出了抗議。

當時擔任中國政府農商部長的周自齊，針對日方要求，於 1915 年（大正 4 年）7 月 5 日發表談話，批評了日本的對中國政策。

但是，在日本以軍事力量施行強壓的態勢下，中國方面迫不得已接受了日方要求。屈辱的「五號二十一條要求」激怒了中國民衆，成爲反日運動激化的一大原因。自此以後，中國民衆將日本視爲比歐美列強更兇暴的帝國主義國家，當作發洩憤懣的靶子，對日本的反感隨之增強。

遭受歐美列強的壓迫，中國社會一直處於動盪混亂的狀

態，民眾卻很少有一個明確表達憤怒的目標。現在出現了，中國民眾高喊抵制日貨、排斥日本商品等口號，表現出極大的憤怒，反日民族主義氣勢高揚。

不顧中國民眾的抗議行動，日本從山東半島到濟南，開拓了通向華北地區一帶的進路。這是與此後的山東出兵（第一次出兵爲 1927 年 5 月 28 日、第二次出兵爲 1928 年 4 月 19 日）和濟南事件（1928 年 5 月 8 日）有關的對中國眞正的侵略。

侵華的理由

大隈內閣以強硬的態度提出過度要求，甚至無視英美的抗議而強行實施，是出於日本國內的原因。當時，日本的外債超過 20 億日元，陷入財政惡化境地。飽受經濟困苦的國內民眾

在濟南事件紀念碑前、筆者、2007 年 9 月 23 日。

對日本政府怨恨不滿，處於一觸即發的狀態。

大隈重信內閣想要將民眾的注意力引向中國大陸，並通過擴大在中國大陸的權利，為日本牟取利益。同時，為了擺脫經濟的低迷不振，極其希望中國加速市場化。在這種急需尋求資本以及國內民眾對生活嚴重不滿的背景下，遂強行發起了對中國的軍事行動。

並且，對於日本來說，那時正處於西方列強因忙於第一次世界大戰而對亞洲無暇顧及的有利時機。但是，就像在失火現場行竊的小偷一樣的日本的卑劣舉止，不僅僅是遭到中國人民以及亞洲諸國人民的唾棄，同時也為全世界所蔑視。

日本一旦成功獲得了在中國的權利，對中國的貪婪之手就越伸越長。除了乘第一次世界大戰之機奪占山東半島的德國租借地青島和威海衛以外，又乘勢發起了濟南事件、山東出兵；此後又由炸死張作霖事件引發滿洲事變，以及上海事變等等，接連不斷地以軍事強力展開對中國的壓制。

導致中日戰爭全面爆發的盧溝橋事件，將長久以來所積累的軍事壓力推向了頂點。

追溯歷史，義和團事件（1899 年 3 月在山東興起）的結果，是中國與各國政府之間交換了「義和團事件最終議定書」（1901 年 9 月 7 日，中國稱之為「辛丑合約」）。根據這一條約，日本獲得了在中國的首都北平（北京）的駐兵權。這之後日本又尋求各種藉口，不斷增擴駐軍兵力。

派駐兵力的一部分，在盧溝橋附近的軍事演習中與中國軍隊發生衝突，發展為全面中日戰爭。雖說駐軍是依據國際議定書的承認，但是，以向中國軍隊挑釁、試圖挑起戰端為目的重覆不斷的演習，應該說是盧溝橋事件主要的原因。

　　將時空轉換到現在來看的話，似乎應不是什麼問題，現在的駐日美軍以及駐韓美軍也總是不斷進行大規模的軍事演習。但是這兩者之間根本不同的是，當時的日本和中國事實上是處於「敵對的關係」。

　　現在的日美以及日韓關係，無論如何是同盟關係，或者是友好國。美國駐軍通過演習而轉向戰爭的可能性是絕對不存在的，對此日本和韓國都是能充分理解和接受的。

　　但是，從當時的中國民眾來看，具有「敵對關係」的日本軍隊駐紮，且不斷進行挑釁性的軍事演習，他們對此所表現出的反應是不難想像的。

　　盧溝橋事件發生之後，日本政府以及中央陸軍和北平日本駐軍之間缺少必要的意思疏通。因為非常明顯，圍繞對該事件的處理，政府內部極其混亂，做出了某些臨機湊合的決策。

　　日本政府以及日本陸海軍的首腦們，沒有明確考慮在中國引發戰爭對中國境內的日本企業（即所謂的在華紡織等）帶來的危害程度。在日本國存在著多種勢力，對從打入中國經濟市場到完全轉向軍事侵略表現出猶豫不決。由此，便只是緊急出檯了應對該單一事態的政策，其結果表現為不斷增派日軍前往。

　　在此情況下，抱著急欲尋求資本、解消國內民眾困苦的目的而擴大對華戰爭的主張，在日本國內獲得了輿論的支持。軍部得勢並開始了積極的行動，先前出現的一些矛盾觀點被暫時掩沒，或拖延擱置下來。

　　日本國內政治人物和軍事強人不安定的關係，最終引發了缺乏戰略的侵略戰爭。這種混亂和不安也擴延到出征兵士，表現為在中國各地頻繁發生日軍兵士的殘虐行為。南京大屠殺事

件就是殘虐行為的典型事例。

　　從中國方面來看，1937 年 2 月 10 日實現了國共合作。但是，在中國國民黨內依然有一部分勢力，對與中國共產黨形成抗日統一戰線猶豫不決。蔣介石就是其代表。

　　中國方面與侵華日軍的戰鬥在初期表現得不夠堅決果斷，其原因也在於此。對蔣介石自身來說，第一對手是中國共產黨，並不一定是日本軍。由於蔣曾與日本有一系列停戰交涉等妥協姿態，成為直到現在仍受到批判的原因。

2. 中日戰爭以後

侵華日軍幹了些什麼？

在中日戰爭全面開始以後，有很多中國民眾以及在華日僑被捲進中日兩國軍隊的激戰之中。

例如，相繼發生了 1937 年 7 月 26 日的廣安門事件和 7 月 29 日的通州事件。尤其是後一個事件中，有 200 多名日本僑民喪命。

日本國內對這些事件的報導和渲染，煽動起了報復中國的民間情緒。對於想真正與中國軍隊進行決戰的日軍士兵來說，這樣的事件是煽動其敵視中國的極好素材。

但是，按照國際法，日本僑民遭不當方式殺害的情況下，正像當時所實行的那樣，向中國政府抗議、要求中國方面謝罪和補償是正當行為。至於僑民為什麼在中國居住另當別論，這些日本平民成為「被害者」則是事實。

但是，僅僅強調這一點，將日本發動更大規模的軍事進攻視為正當是極其荒唐的。因為事件發生的遠因，是日本侵犯中國的主權在先，並不斷依仗軍事武力試圖擴張在華權利，日方的這些企圖和做法才是真正的癥結所在。

日本政府以及宣傳媒體，對事件大肆報導，加強反華宣傳，事實上也是利用這一手段來掩蓋日本侵略中國的意圖。日本政府擔心在國際上遭受孤立，另外，特別是為避免與美國的關係惡化，沒有向中國發出宣戰佈告。1937 年 7 月 7 日盧溝橋

事件以後，中日之間事實上已進入了戰爭狀態。

　　1937 年 12 月 13 日的南京事件，是日本對中國觀念露骨的展現和表演。南京事件是在南京城內外發生的侵華日軍大量虐殺中國人的事件。按照中國方面的說明，該事件奪取了約 30 萬中國人無辜的生命。

　　的確，在滿洲事變以後，即使在中國民眾間也存在著強烈的反日情緒，但是因這種反日情緒而更加煽動本國軍人的氣焰，導致大量殘害無辜民眾這種侵華日軍的暴行，即使在歷史上也是極其罕見的，是典型的殘暴虐殺的事件。

　　也可以說南京事件是概括了日本對中國侵略本質的典型事件。通過南京事件，顯示了日本軍隊以及日本人是怎樣看待中國及中國人的，又是如何看待中日戰爭的。這一歷史事件將銘刻於人們的記憶中。

　　在近代以前，日本的政治、文化等以中國為模範，對中國抱有敬畏感。之後拋棄了對中國的敬畏，而將中國作為壓制的對象，將中國視為有利於發展日本帝國主義的市場，以及巨大的權益擴張之地。

　　軍部的激進派以及標榜國家主義的諸右翼團體首先做出了愚蠢的判斷。之後，古河以及大倉等新興財閥，接之三井以及三菱等舊財閥跟隨而至。政黨政治家以及革新官僚、或者被稱之為新官僚的一批人在聯結軍部和財閥之間起著積極作用。

　　可以說，侵略中國是在軍部、財界、官僚政客三位一體的指導下強制推進的，並進而煽動國民輿論，實施戰爭動員。

　　由於盧溝橋事件（中國稱其為七・七事變）真正引發了中日全面戰爭，中國民眾的抗日熱情更加高漲。即使蔣介石的國民政府還想進行和平交涉，也已經變得無法挽回。

　　至此，由於抗日統一戰線的形成，即使是曾對日方抱以融合姿態的蔣介石，也堅持表示，只要日本不率先從中國完全撤出、不承認侵略戰爭的責任並表示謝罪的話，將拒絕接受任何和平提案。現在，美國的斯坦福大學收藏的《蔣介石日記》公開於世，清楚表露了當時深陷苦惱的蔣介石的立場。

　　假如這些條件沒滿足而接受和平提案的話，必將會危及蔣介石的地位，也勢必導致國共合作的失敗。另外，南京事件的真相已在中國國內廣為傳開，加重了國內民眾的反日情緒，並通過駐南京的國際紅十字會以及一些主要國家的媒體向全世界傳達，由此國際社會也進一步失去了對日本的信賴。

　　沒能充分把握中國國內和國際社會這些動向的日本政府，以及日本民眾，不能夠理解中國進行徹底抗戰的決心和國際社會對中國人民抗日戰爭的同情。日本媒體報導的日本「連戰連勝」，以及有關「中國政府的暴虐」之報導，只能不斷激起本國民眾對中國的仇視和憤慨。

　　當然，從日本人來看，對於不接受日本的和平交涉提案的中國政府，很多人表現出極大的不滿和反對也是理所當然的。日本政府和日本人，雖然站在加害和侵略的立場，但是並不能清楚意識到自身所處的位置。所以，只是一味指責和攻擊針中國方面的不當行為，而對自身的不當行為卻視而不見。

　　將自身置於封閉環境中的侵略國或者侵略者，是根本沒有意識到自身的非正義行為呢，還是有意迴避或掩飾，抑或是只想要過度主張自己所認為的「正義」？隨著深入細緻地探討日本對華戰爭的發生和發展過程，更能感到向中國人發動的侵略暴力，在奪取了大量中國人生命的同時，也使日本人變得意識不明、思想遲鈍。

　　中日戰爭如同其名稱所示，是兩國間的「戰爭」，當然也背負著當時的國際秩序、特別是亞洲地區的秩序重組這樣的課題。日本侵略中國，可以說是國內諸勢力為實現宿願而發起的，那就是想要尋求對中國大陸實行霸權統治、獲得日本資本主義的權益，並且預測到將會對形成新的亞洲秩序產生巨大影響。

　　對於西方資本主義列強來說，也與日本抱有同樣的認識，在他們看來中國大陸是確保自身權益、獲取利益的寶地。在這一方面，歐美列強和日本的獲利目的是一致的。也因此，中國一直被預測為是歐美列強和日本發生對立和衝突的必爭之地。這就是列強之間平時相互牽制妥協、有時又進行恫嚇威脅的原因。

　　在此意義上來說，諸如圍繞中國問題所簽署的日英同盟協約（1902 年 1 月 30 日）、日俄協商（1904 年 8 月 22 日）、或者桂太郎──塔夫特備忘錄（1905 年 7 月 19 日達成）等等，都是日本與英國、俄羅斯、美國之間的爭鬥與妥協的產物。

　　進入 20 世紀，諸強之間圍繞以中國為中心的亞洲諸國的霸權之爭，其攻防爭鬥變得愈加錯綜複雜和激烈。在此，有必要追溯歷史，回顧中日全面戰爭以前的時代。

戰前的世界秩序

　　從開始中日全面戰爭到對英美開戰，這一時期日本國內的動向和國際政治趨勢是怎樣的情形呢？可作一概要回顧。

　　試圖確保在中國大陸所獲得權益的美國，在日本取得甲午戰爭勝利以後開始抱有警戒之心，1897 年即及早制定了對日作

戰計畫、通稱爲《橙色計畫》。

進而，針對在日俄戰爭中艱難取勝的日本的擴張的態勢，採取對應措施，1904 年根據希歐多爾・羅斯福（Theodore Roosevelt，1858-1919）總統的命令，在陸海軍聯合會議上制定了新的《橙色計畫》（War Plan Orange）。在該計畫中，將日本作爲假想敵國，納入長期的戰略計畫目標。

美國一方面致力於同日本的友好關係，另一方面又展示軍事威力，採取軟硬兼施的兩面政策。制定美國的長期戰略，對於同樣是軍事國家的美國來說是理所當然的，一國的軍隊一定會以假想敵國爲目標，不斷進行軍備擴充。

日本陸軍省也於 1907 年（明治 40 年）4 月 19 日，批准了《帝國國防方針》、《國防所需兵力》、《帝國軍用兵綱領》，開始每年制定國防計畫。同時，日本海軍將美國設定爲第一敵國，準備日美開戰（日本陸軍則將俄羅斯以及後來的蘇聯作爲第一假想敵國）。

日美兩國在同一時期彼此將對方作爲假想敵國，形成相互提防的關係。之後，日本海軍詳細調查美國海軍力量，並不斷擴充軍備。

在進入 20 世紀之際，日美兩帝國主義爲了在中國爭奪霸權，發生衝突的可能性明顯增加了。而美國與在中國已經確立了勢力範圍的英國和法國相比較，也屬於後到的入侵者，其企圖侵入的地區也包括華北地區和東北地區，由此，與日本的衝突更是難於避免。

雖說日本陸軍取得了日俄戰爭勝利，但顯然十分有可能與俄羅斯再次開戰。故而在俄羅斯革命（1917 年 11 月 7 日）以後，開始計畫攻打社會主義蘇聯和佔領西伯利亞。爲此，在中

國確立霸權成爲必要的條件。

日本海軍在象徵日本海海戰的日俄戰爭的「勝利」中發揮了重要作用，也由此傲慢自負、得意忘形，開始展望將來通過與美國的戰爭來決定在亞洲地區的海上霸權。

日本陸海軍通過在中國確立其霸權，來加強自身的地位，顯示本國的強大。同時，日本陸海軍在向中國軍事入侵的過程中，亦不斷上演相互間的競爭。其中到達的一個極點就是滿洲事變（1931 年 9 月 18 日）。

日本海軍像是在與由於滿洲事變而在國內名聲大噪的陸軍相對抗，於翌年（1932 年）1 月 28 日發動了上海事變。1937 年 7 月在盧溝橋事件中，日本陸軍與中國軍隊進入戰爭狀態，而日本海軍也於次月 8 月 13 日向上海出動陸戰隊，與中國軍隊交戰（第二次上海事變）。

日本一面試圖抵抗英國、法國、美國等向中國的侵入，一面以輿論引導國內諸勢力之間的競爭關係，爲實現圍繞中國的亞洲秩序的解體和重組而不遺餘力。

此時的中國，不僅成爲列強的爭奪對象，同時在其國內，諸多勢力也各強調自己的地位作用，極力建立強化自身力量的組織體系。日本國內的媒體和輿論，大肆宣傳報導陸海軍在中國的「活躍」表現，煽動輿論，激發國民的反華情緒。其結果是贏得一般民眾對陸海軍侵略中國的稱讚和擁護。

在此，對於侵犯主權國家中國的非正義行徑沒有任何的指責，這麼說並不過分。在日本人的觀念中，通過侵略和壓制中國，將帶來日本在大陸的「發展」。由此，在國內形成這樣的輿論，就是決不能容忍以美國爲首的西方列強阻礙日本「發展」的行爲。

國際聯盟採納了李頓調查團報告書（1933年2月24日），判定滿洲事變不是日本的「自衛行動」，由此，日本政府通告國際聯盟退出國聯。從當時國內的背景來看，日本國內媒體具有上述輿論導向上的錯誤。

想要完全壓制中國，又想逃避來自歐美列強為中心的國際聯盟方面的制裁，日本政府的這種姿態，發展到後來便引發了對英美開戰。由此也可以說，作為中日戰爭的延續，發生了後來的對英美戰爭。

可是也應看到，在列強圍繞中國進行激烈的霸權爭奪中，與此課題相關，在日本國內，從1920年以後即存在著兩種思潮。

在1921年11月12日召開的華盛頓會議上締結的九國條約，是歐美列強想聯合阻止日本過度侵入中國的條約。根據華盛頓會議，明確了被稱之為華盛頓體制的新秩序，即亞洲的秩序由美國和英國為中心來決定。

針對由華盛頓會議所確定的在亞洲地域中以英美為中心的亞洲秩序（所謂華盛頓體制），在當時的日本國內，日益明顯地表現出兩種思潮或路線的對立。

一種是接受華盛頓體制，採取親英美的姿態，期待日本資本主義發展的親英美的協調路線。另一種是要堅持構築自立的帝國主義國家日本的勢力，所謂的亞洲門羅主義路線。

美國總統詹姆斯‧門羅（James Monroe,1758-1831）曾經採取美洲孤立政策，努力排除歐洲諸國對美國干涉，稱為門羅主義，日本現代史研究者江口圭一首先採用亞洲門羅主義路線一詞，表示日本軍部的對外方針（江口圭一《日本帝國主義史研究》，青木書店1998年出版）。

　　圍繞這兩種路線的變化動向，對後來的日本軍事、外交方針具有很大的影響。

　　第一次世界大戰後開始的國際和平、民族自立的國際政治基本方針也波及日本，在此情況下，20 世紀 20 年代，擁護親英美的協調路線的勢力佔據了優勢地位，在國內的大正民主主義形勢下，政黨政治得以展開。

　　當時，由三井和三菱等舊財閥支持的政黨，希望在盡可能不依靠武力的情況下來尋求確保中國市場。在此情況下，對於日本資本主義的發展來說，選擇親英美協調的路線是理所當然的。

　　這一事實，意味著日本資本主義依存於英美。但是，以自立的帝國日本為目標採取亞洲門羅主義路線的勢力，始終沒有接受這一選擇。日本駐外軍隊關東軍的激進派軍官所發起的滿洲事變，可以說是以軍部和右翼為中心的亞洲門羅主義勢力斷然實施的「國外武裝政變」，其目的是為了切斷帝國日本對英美的從屬，以促進日本作為自立帝國的發展。

　　這樣一來，兩條路線的對立變得愈益尖銳。堅持亞洲門羅主義路線的勢力，滿洲事變後，在中國東北部地區匆匆建立了「滿洲國」（後稱滿洲帝國），使之獨立於中國，並將其成功地建成為日本帝國的實驗基地。

　　「滿洲國（中國稱之為「偽滿洲國」）背後的日本支持者中，包括了東條英機所代表的標榜亞洲門羅主義路線的陸軍統制派軍人、岸信介所代表的革新官僚，以及有勢力的新興財閥鯰川義介統率的日本產業股份公司（戰後的日產）等，軍閥、官僚、財閥攜手構築了「總體戰國家」的政治體制。

　　1941 年 10 月 14 日，在東條英機組閣之時，啟用岸信介擔

任副總理級的商工大臣等組成被稱爲「滿洲內閣」的政府。在東條英機政權中擔任要職的多是一些軍部、官僚、財界出身的人，他們都擁護和支持在中國東北地區建立日本的傀儡國家「滿洲國」，實施所構想的「總體戰國家」。

東條英機的「滿洲內閣」，是堅持構築亞洲門羅主義勢力的「總體戰國家」的內閣。當然，並沒有因東條英機內閣的成立，而完全驅除親英美協調路線的勢力。昭和天皇對將日本的對外路線僅僅委託亞洲門羅主義勢力的主張，依然躊躇不決。

未拋棄向來對親英美派的同情，在對英美開戰的情況下，從未抱有勝利確信的天皇，尚不能決斷採取與英美徹底決裂的一步。

美蘇和中國

日本對中國的戰爭是不宣而戰。在這一點上按照國際法，美國無論對中國還是對日本均可提供一定的物資，與日本之間是以貿易的形式，積極開展物資流通。

日美貿易也同樣，1941 年 10 月 18 日東條英機內閣成立，到 12 月 8 日日本偷襲擊珍珠港爲止，美日之間一直進行著貿易活動。最後，雖然中止了鋼鐵以及石油這樣的戰略物資貿易，但是在中日戰爭開始後，大約 4 年的時間一直保持著一般貿易交流。

另一方面，美國向中國派遣了志願軍（正式名稱爲 American Volunteer Group，簡略爲 AVG）。也就是說美國也非正式地參與了中日戰爭。志願軍主要由航空兵編成，中國人稱之爲飛虎隊。從美國國內 39 個州招集的志願人員，組成了由近百

名飛行員爲中心的志願航空隊陣容。

　　不僅是美國，在抗擊日軍的重慶轟炸中，蘇聯空軍士兵也作爲志願軍加入了中國空軍的作戰。對美國來說，當時日本是重要的貿易國，而蘇聯與日本締結有互不侵犯條約。在此情況下若要對中國進行軍事援助的話，不得不採取志願軍的形式。

　　在朝鮮戰爭之時，爲支援北朝鮮，中國以志願軍的形式派遣了近百萬戰鬥人員，奔赴北朝鮮戰場，與向朝鮮戰爭派兵極其相似。

　　英國、法國、美國等歐美列強與日本，爲確保在中國的權益而競相較量。在利益爭奪的過程中，列強之間在中國的舞臺上不斷展開爭鬥，對此，應該從整體的觀點來把握。

　　誰先誰後是次要的問題。最主要的是歐美列強和日本帶給中國人民巨大犧牲，使中國的基礎設施遭受破壞，使中國淪爲殖民地市場，可以說這些是極其重大的問題。

　　中日戰爭，決不僅僅是日本和中國兩國之間的戰爭。針對日本的侵略，從最初就毫不妥協，爲形成抗日民族統一戰線而奔走的是中國共產黨。中國共產黨從發展國際共產主義運動的立場，亦向蘇聯共產黨等尋求援助。

　　另一方面，蔣介石率領的國民黨建立了以浙江財閥等民族資本家爲後盾的，可以說是權威主義的獨裁政治體制。蘇聯不僅從第一次國共合作之時就開始向國民政府提供援助，而且也派遣了大量的軍事顧問團，從側面支援了北伐戰爭。在此後很長一段時間，中國共產黨和國民黨事實上處於內戰狀態。

　　但是，實際情況是國民黨一貫採取消滅共產黨的方針，蔣介石對共產黨反覆進行了五次殲滅掃蕩。中國共產黨於1934年4月10日發表了「告全國人民書」，號召建立抗日民族統一戰

線。進而，翌年8月1日，發佈了有名的「八一宣言」，呼籲形成抗日救國統一戰線。

中國共產黨堅忍不拔，建立聯合抗日戰線，同年12月9日發生的反對日本華北分離運動的學生運動（一二・九運動）也是具體的行動表現。

一方面是中國國內出現這樣一些抗日動向，另一方面，日本的廣田弘毅內閣受到由於二・二六事件而勢力大增的軍部的壓制，結果便是 1936 年 8 月，制定了「第二次北支處理綱要」，更加鮮明地表露了向中國華北地區實施軍事入侵的擴張野心。

中國共產黨向國民黨政府倡議建立抗日國共合作和民主共和國，但是蔣介石沒有回應這一倡議，一味堅持對抗，執意打垮共產黨。

邁向達成國共合作的路程決不是平坦的。努力實現國共合作，是在經歷了 1937 年的盧溝橋事件中日兩國軍隊的衝突，以及同年 7 月 17 日蔣介石同周恩來會談之後（盧山會談）。這樣，第二次國共合作的確立是在同年 9 月 23 日。

歷經迂迴曲折，中國民眾開始在兩個黨派領導動員之下，建立了抗日民族統一戰線。在此期間，各個國家也對兩黨提供了經濟上及軍事上的援助。

例如，蘇聯於 1938 年，提供了 1 億美元的對華借款，1941年締結了 1 億 5000 萬美元的借款合同，以及提供 1 億 4000 萬美元軍需物資的契約。另外據記載，蘇聯的軍事專家 3665 人參與了中國方面的對日作戰。

這期間，在南京陷落後，中國空軍抗擊日本軍機對臨時首都重慶進行的狂轟濫炸，來自美國以及蘇聯的志願飛行員也參

與了對日空戰。前面所介紹的飛虎隊，到 1942 年 7 月 3 日解散爲止，據統計共擊毀日本軍機 296 架，並致使日航空官兵約 1000 人喪生。

總之，所謂中日戰爭，從僅僅是兩國間的戰爭開始，演變成爲蘇聯和美國也捲入其間的戰爭。儘管在早期並無別國正規軍的增援，中國決不是在國際孤立的狀態下抵抗日本入侵的，這些來自國際社會的援助，構築了大大小小的挫敗日本侵略的抗日戰線。

不管蘇聯對在中國建立社會主義政權的意圖如何，也不管想要在戰後進入中國市場的美國資本主義的打算如何，美蘇兩國已聯手通過軍事支援來壓制和排除企圖獨霸中國的日本侵略政策。顯而易見，在這一點上兩國抱有共同的認識。

日本戰敗後，中國共產黨和國民黨再次陷入了內戰，最終共產黨取得了勝利，於 1949 年 10 月 1 日建立了中華人民共和國。僅從這一點來看的話，史達林領導的蘇聯共產黨的期望如願實現了。

但是，這只不過是事後附加的歷史解釋。重要的是，中國政府以及中國人民堅定的抗日決心，這種決心和意志，可以說是源自以誓死抵抗日本侵略爲號召的極大的抗日民族主義熱情。

是「勝利」，還是「戰敗」？

在論述中日戰爭時，派往中國的侵華日軍，且不論小規模的戰鬥勝敗如何，在正規戰鬥中大多取得了勝利，由此經常宣稱「日本軍隊取得了勝利」。

　　1938 年 10 月 27 日，中國的軍事要地武漢三鎮被日軍佔領，這對中國政府和中國人民來說是一大危機。然而包括前面的南京陷落和首都遷移這些危機，事實上也成爲進一步激發中國人民抗日熱情的一大契機。

　　中日戰爭全面開始（1937 年 7 月 7 日）以後，沒有馬上發展爲大規模的戰鬥，而是持續著互相對峙的狀態。兩軍動向出現明顯變化是在 1938 年 4 月 7 日，大本營發動的徐州作戰（同年 5 月 19 日佔領了徐州）。

　　日本方面爲準備這次戰鬥動員了約 30 萬大軍，展開了擊潰中國主力部隊的作戰。雖然成功地攻佔了武漢三鎮，但在試圖擊潰中國主力部隊的戰鬥中失敗。由於所謂戰術的勝利和戰略的失敗，預測兩軍的戰鬥將變得長期化。

　　在這一時期，侵華日軍在中國已經有 23 個師團（約 70 萬人），在滿洲、朝鮮有 9 個師團，日本國內僅僅剩有近衛師團，不可能再投入更多的兵力。

　　到武漢三鎮陷落爲止，中國的主要城市以及鐵道等主要基礎設施已由日軍佔領，但進一步向內地推進極其困難。兩軍的作戰完全處於膠著狀態。

　　之後，日本陸海軍向新首都重慶進行戰略轟炸，實爲不加區別的狂轟濫炸，使大量無辜的重慶市民死於殘暴的空襲。但仍未能摧垮中國人民的抵抗意志，反而只是進一步激發他們的抗日熱情。

　　有關重慶轟炸的實際狀況，前田哲男通過到實地取材和收集證言寫下了《戰略轟炸的思想：格爾尼卡‧重慶‧廣島》（凱風社，2006 年出版），書中這樣寫道：

　　「南京陷落後，從 1938 年（昭和 13 年）12 月 25 日開始，

日軍對中國政府的臨時首都重慶實施了不加區別的狂轟濫炸。」

「誠然，空襲帶來的危害是巨大的。空襲造成很多人死於非命，而持續的轟炸使人精疲力竭。但是物質上的巨大破壞並不一定擊垮人的精神和挫敗人的戰鬥意志。在拍攝的偵察照片上所觀察不到的重慶市民的抗日意志，相反變得愈加高漲。日軍企圖將居民對空襲產生的恐懼心理向厭戰、屈服方面引導，但是，正如愛德格・斯諾（Edgar Snow）的記述中所提到的，重慶市的人民選擇了誓死抵抗。」

由此，中日雙方進入了所謂持久戰的階段。徐州作戰以後，沒有發生大規模戰鬥。日軍勉強維持已經取得的佔領地區，因為幾乎完全沒有展開新的進攻作戰的戰鬥力。

之後，中國軍隊和中國民眾在各地展開了游擊戰，通過小規模戰鬥對日軍展開了長期的消耗戰。這期間日軍迫不得已分化兵力以對付遊擊戰。同時，在日軍內部，士兵的厭戰情緒日益蔓延，發生了諸多對上司發洩不滿的暴力事件。

例如，1942 年（昭和 17 年）10 月 15 日，駐守在中國湖北省廣水鎮的輜重兵第三聯隊第一中隊的 7 名下級軍官對將團軍官施行暴力行為的廣水鎮事件，同年 12 月 7 日，駐紮在山東省館陶縣的獨立步兵第四十二大隊第五中隊的 6 名士兵襲擊軍官的館陶縣事件等等，不勝枚舉。

從軍隊方面來看，這些事件所表現出作風和軍紀的混亂，作為日軍從內部崩潰的徵兆而引發了極大的危機感。由此，戰敗的 1945 年（昭和 20 年）2 月改訂的《步兵操典》中不得不寫入「軍紀的弛張關係到軍隊的命運」。

在這一意義上講，不存在「日本軍隊的決定性勝利」或者

「連戰連勝」的事實。而真實狀況是，在聯合全國人民共同抗日的背景中，中國民眾以高漲的抗日熱情堅持抗戰，極大地消耗擊潰了日本兵力，同時也消耗了日本的國力，致使日本一步步走向戰敗之路。

雖然也承認對中國戰爭戰敗了的事實，但是，事實上在日本國內依然存在有這樣的議論，就是日本發動的這場對華戰爭決不是沒有意義的。

例如，頻頻引用盟軍最高司令官道格拉斯‧麥克阿瑟如下的講話，作為解釋的理由。

1951 年 5 月 3 日，在美國參議院的軍事外交共同委員會上，麥克阿瑟發言稱：「在太平洋戰爭中，美國犯下的百年中最大錯誤就是使中國的共產主義者得以強大」，「日本介入戰爭的動機，大部分是迫於為了安全保障的需要」，也就是說，他也主張中日戰爭是「防共戰爭」（小堀桂一郎編《東京審判日本的辯白》，講談社 1995 年出版）。

對此，首先必須明確的是，麥克阿瑟是一個持有什麼樣的思想觀點的人？另外，發表這一講話的 1951 年又是怎樣的時代背景？

麥克阿瑟曾歷任美國陸軍總參謀長，是有名的反共產主義者。從國際形勢上看，在這之前的 1950 年 6 月 25 日朝鮮戰爭爆發，以美國為首的聯合國軍對北朝鮮的進攻眼看就要全面佔領朝鮮半島之際，北朝鮮得到蘇聯以及中國的支援。另外，在中國國內，蔣介石率領的國民黨與毛澤東領導的共產黨的內戰剛剛結束。

戰後，美國將中國視為進出亞洲的據點，並開始將日本作為新的反共防洪堤來重新認識。

　　麥克阿瑟的發言，露骨地表現出想要將日本轉換爲一個擔當美國反共政策旗手的用心。

　　從麥克阿瑟發言的前後，美國的對日政策開始發生變化，即重新考慮所謂的民主化政策，是戰後日本和日美關係反共化的開始。

　　1951 年 9 月 8 日，在三藩市（舊金山）和會上允許日本重返國際舞臺。同時，日本與美國之間締結了《日美安全保障條約》。其結果，日本全國成爲美國的軍事基地。可以說，從「民主國家」到「反共國家」的轉換是由美國對亞洲的戰略方針決定的。

　　從這一觀點來看，通過中日戰爭的戰敗，以及之後中國國內陷入內戰這一事態，日本作爲反共國家重新開始行動。

　　日本的這種動向，也可以說，是針對 1949 年 10 月 1 日中華人民共和國的成立、社會主義中國登場的直接反映。由此，日中戰爭中日本敗給了中國這一歷史事實被擱置於腦後。

　　也就是說，中日戰爭結束後，中國本應該追究使之遭受巨大災難的那場侵略戰爭的發動者，但是由於國內持續內戰、國家依然處於分裂狀態，不能從容地去考慮這些問題。之後中華人民共和國納入了社會主義勢力圈中，而逃到臺灣的蔣介石則以中華民國的重建爲第一目標。

　　在冷戰體制中，美國對蔣介石領導的臺灣提供經濟和軍事上的援助，從而對大陸中國進行牽制。臺灣在依靠美國援助的情況下，並沒有得到向日本追究戰爭責任的機會。

　　由於日本戰敗後，包括中國和臺灣的亞洲環境的新的變化，除了東京審判，戰後日本和日本人沒有被追究和反省有關戰爭責任的問題。

沒有追究過去的戰爭責任，由此使得許多日本人對侵略責任和殖民地責任表現出意識淡薄。

美國的罪與罰

可以認為決定戰後日本政治架構的反共化，是依據《日美安全保障條約》所象徵的日美關係為基軸的。這並不是以戰前期日本復古排外的保守主義，而是以所謂的美國式民主主義來粉飾的戰後型保守主義為基調。

由於中日戰爭日本敗給了中國，有機會清算戰前復古排外的保守主義，以及依此為基底的軍國主義。但是，由於中國的內戰以及中國共產黨取得了勝利，美國將清算日本保守主義以及軍國主義的機會給擱置了起來。

昭和天皇與道格拉斯・麥克亞瑟的會見。

延續至今日的所謂日美安保體制，長期剝奪了日本反省戰爭、確認敗給中國的歷史事實的機會，可以說在這種體制下，過去的戰爭是「敗給了美國」這一錯誤的歷史事實一直深植於日本人的意識中。

對此進行有意規劃的美國並不想改變對日政策。事實上，在中國共產黨領導的

中華人民共和國成立之時，麥克阿瑟向來的反共產主義思想即變成爲對日佔領政策中的各項政策。

　　實際上美國政府本身也具有完全相同的觀點。1948 年 1 月 6 日，哈里・杜魯門（Harry Truman，1884-1972）政權的陸軍總參謀長喬治・C・馬歇爾主張，將日本作爲「反共防洪堤國家」。毫無疑問，包括麥克阿瑟以及馬歇爾在內，美國的戰後亞洲戰略，就是爲了阻止蘇聯的影響力，在日本防止亞洲的共產化，並將其作爲反共攻勢的據點。

第四章

日本是「敗給」中國、「投降」於美國嗎？

1. 戰敗的不同表現

成長的背後

所謂亞洲太平洋戰爭，究竟是怎樣的一場戰爭，是為誰而戰的一場戰爭呢？同時，從這場戰爭中可以汲取怎樣的教訓呢？

這是戰後反覆不斷被提起的問題。但是，對日本究竟敗給了誰這一問題，一直是避免回答。在日本無條件投降的文書中，確實寫有日本無條件向美國、英國、蘇聯、以及中國等諸同盟國家投降。

暫不提「日本戰敗」這一歷史事實，在此想指出的是存在於戰後日本人意識中的，「敗給了誰」這一問題。

恐怕大多數日本人持有難以改變的認識，也就是認為日本戰敗最終是由於美國投下兩顆原子彈，是敗給了美國的戰力。

戰後，美國對日本的佔領政策，儘管不能說完全是按照其所期待而進行的，但也完全是任由勝利者美國的強大氣勢來推進。加之，日本正是由於美國的援助，才從戰爭的破壞中重新站立起來，並且迅速走上了經濟大國之路。

戰後的日本由於追隨迫使日本戰敗的美國，從軍事上的「敗者」，變身為經濟上的「勝者」。從戰敗的歷史事實中解放出來，在成為「勝者」的過程中，戰後許多日本人，對於在過去的那場戰爭中究竟「敗給了誰」這一問題，顯得漠不關心。

即便如此，如果要問起「日本敗給了誰」這樣的問題，也許大多數的日本人會回答說「日本是敗給了美國」。但是，我對這樣的回答，以及同樣的論調，無論如何也難以贊同。

我的回答是，「日本敗給了中國，是向美國投降的」。這個回答包含有象徵性的意思。歷史事實是，日本敗給了所有同盟國，是同時向他們宣佈投降的。

我認為，戰後日本人開始過度崇尚美國的傾向，是得出「敗給了美國」這一戰敗總結的原因。

日本跟美國發展成為休戚相關、榮辱與共的關係。的確，戰敗後日本歷時 6 年處在同盟國軍佔領下，至 1951 年三藩市（舊金山）和會才解除了佔領而恢復獨立。但是，與此同時，由於日本與美國締結的《日美安保條約》，日本被更深地納入了美國的陣營。

為了不再遭受第二次戰敗，與美國締結了安保條約，保持事實上的同盟關係，成為戰後日本保守層的基本外交路線。該安保條約的確是依據美國的亞洲戰略而締結的，但是，日本積極接受了這一條約，不僅僅是因為從經濟上可獲得極大利益，也是出於戰後日本人的功利主義判斷。

由於該安保條約，日本人從亞洲脫離開來，而向美國靠攏，由此抹殺掉了戰敗的記憶。直率地說，由於對投降對手大加頌揚，「成功地」從戰敗的創傷中掙脫了出來。並且，為了確保繼續「成功」地發展，構築安保體制，即明顯形成了所謂強調日美同盟路線的日本戰後的體制。

高度的經濟成長使日本登上了經濟大國的地位。但是，另一方面，經濟成長的過程，同時又是對過去不屑一顧，充滿了機會主義的歷史認識的過程。應該指出的是，戰後日本人在經

濟成長的時代，忘記了面對過去，失卻了反省的機會。

　　事實上，自從佔領期開始，依據由美國獨家支配的盟軍總司令部（GHQ）的指令，形成了日本戰後國家的基本框架。本來必須由日本國民獨自進行的戰爭總結，也受到了某種外力的強制。比如，將過去的戰爭命名爲「太平洋戰爭」，日本發動戰爭的戰場，不是以中國爲中心的亞洲大陸，而成爲了西太平洋海上的島嶼。從而，戰爭的敵方也不是亞洲諸國人民，而是美國以及美國的士兵。由於日美同盟，在戰後日本人的意識中形成了極其扭曲的歷史認識。

138 萬兵力，415 億軍費

　　戰爭總結給戰後日本人的歷史認識帶來很大的影響。毫無疑問，誰都知道亞洲太平洋戰爭是以日本戰敗而告終的。但是究竟是如何總結這一戰敗的呢？我認爲，由此產生的認識上的錯誤，嚴重阻礙著加深歷史認識，可以說是決定性的錯誤。

　　再次重覆指出，大多數日本人認爲過去的戰爭是敗給了美國。的確，日本於 1945 年 8 月 15 日，接受了《波茨坦公告》（The Potsdam Declaration），向同盟國軍隊無條件投降，事實上是向盟軍的主力美國投降的。

　　但是，從歷史事實來看，日本是在對亞洲的戰爭中，尤其是在對中國的戰爭中戰敗了。也就是說，日本的戰敗，根本上是由持續不斷的、所謂「中日 15 年戰爭」（1931 年 9 月-1945年 8 月）的長期戰爭所決定的。

　　做出這種斷定的理由，可以通過具體數字來加以說明。統計數字出自第一復員局編著的資料，題爲《支那事變大東亞戰

爭期間動員外史》（同名不二出版，1988 年作爲《15 年戰爭機密資料》之一復刊）。

據資料記載，1941 年，包括向中國東北、中國關內地區，投入中國本土的日本陸軍兵力約爲 138 萬名，實際上是當時陸軍動員總兵力的 65%。

當時，日本本土的配置兵力約爲 56 萬 5000 名，這相當於整個兵力的 27%。另外，派往中國南方地區的兵力約 15 萬 5000 名（約占總兵力的 7%）。從該數字不難看出，向中國戰線投入的兵力占了多麼高的比率。

這一兵力配置比率，即使在對英美開戰以後也沒有變化。在 1943 年美國發起眞正的對日反攻以後，從投入中國戰線的兵力中抽出來一部分轉到了太平洋戰線，爲此 1943 年在中國的兵力減少到 128 萬名（全部兵力的 44%）。

進而，翌年的 1944 年，在華兵力爲 126 萬名（總兵力的 31%），南方戰線的兵力爲 163 萬名（占 40%）。此時，投入中國戰線的兵力的比率首次開始降低。但是，在日本戰敗的 1945 年，再次增長到 198 萬名（占總兵力的 31%）。

這也是由於隨著戰局惡化而強行動員國內兵力的結果，使得絕對兵力數增大。向中國戰線投入 198 萬兵力這一數目，與同一年和美國作戰的南方戰線的陸軍兵力 164 萬名（占總兵力的 26%）相比，超出 34 萬。

總之，直到日本戰敗爲止，中國戰線的兵力配置一直都佔據極大的比重。侵華日軍在陷入了沼澤化的中國戰場，迫不得已極度消耗著兵力和國力。如此，日本在對中國的戰爭中豈能說取得完全勝利？即便是說取得過部分勝利，也決不是在主導戰爭全局的優勢下進行的。

在長期持續的「沒有勝利的戰鬥」中，隨著時間的流逝，超出了國力的限界，只是一味拖延、維持現狀。在此過程中，一步步地加劇國力消耗、疲憊殆盡。

以上，主要從對投入中國戰線絕對兵力的數量之多、以及對兵力配置比率之大進行了分析。若僅僅是這些，也許會被指責為偏頗的認識觀點。接下來，再從投入各戰線的軍費比率的角度進行考察分析。

大藏省財政史室編的《昭和財政史》（東洋經濟新報社，1955 年）第四卷中顯示的軍事費用的變化，很有典型意義。引發中日 15 年戰爭（1931-1945 年）的滿洲事變是 1931 年，當年陸軍省、海軍省費用和徵兵費用共計直接軍事費用為 4 億6129 萬 8000 日元，占國家預算（14 億 7687 萬 5000 日元）的31.2%。

這之後，在中日戰爭全面開始的 1937 年，日本的軍費開支高達 32 億 7793 萬 7000 日元，占國家預算的比例也高達69%。在日美開戰的 1941 年，軍費已高達 125 億 342 萬 4000日元，儘管國家預算的規模擴大，占國家預算的比率仍高達75.7%。

日本的軍事費用占國家預算的比率，在甲午戰爭時（1894年）為 69.2%，1895 年為 65.5%；日俄戰爭時（1904 年）為81.8%，1905 年為 82.3%。雖然有所例外，但即使在所謂平時，軍費開支一般也占到國家預算 25%-40%的高比率。

但是，中日 15 年戰爭開始以後，國家預算中的軍費比率，1937 年為 69%，1938 年為 76.8%，1939 年為 73.4%，1940 年為 72.5%。也就是說，由於中日戰爭，日本的軍事費用極大地增加。

如此龐大的軍事費用，眞正投入到中國戰線上去了嗎？根據同一資料，比較和美國進行戰鬥的南方戰線，來看一下日美戰爭開始的 1941 年以後的實際軍費開支狀況。

在對中國戰爭和對英美戰爭同時並存的 1941 年，除了滿洲地區以外投入中國戰線的軍事費用爲 10 億 6200 萬日元（占全部費用的 36%），南方戰線爲 3 億 2100 萬日元（占 11%）。

其後，隨著與英美戰爭的激化，自然增大了南方戰線的軍費開支。但是，僅僅從占全部軍費支出的比率來看，1942 年中國戰線占 32%、南方戰線占 29%；1943 年中國戰線 44%、南方戰線 34%；1944 年中國戰線 64%、南方戰線 28%；1945 年（4-10 月）中國戰線 54%、南方戰線 10%。

自 1941 年開始到 1945 年之間投入中國戰線的軍費總計爲 415 億 4100 萬日元（占該期間軍事費用支出的 57%），而南方戰線合計爲 184 億 2600 萬日元（占該期間軍事費用支出的 25%）。

從按地域和年度統計的軍費支出數字來看，事實上日本投入中國戰線的軍費是對英美戰爭的南方戰線費用的 2 倍以上。很明顯，與南方戰線相比，中國戰線所占的比例之大，投入軍費方面的差距甚至超出了兵力方面的差距。

前述的直接軍事費用的情況，畢竟是作爲預算列出的數字，並非是全部投入軍備的擴充。即使作爲軍事費用列入預算，儲蓄在陸軍省內的事例似乎也並非少見。在這一點上，根據按地區支出的實際數字來判斷是比較確切的。

在以滿洲事變爲起點的中日 15 年戰爭中，特別是由於自 1931 年到 1941 年大約 10 年間投入巨大的戰爭軍費致使國力大爲耗竭，而另一方面軍部掌握了擴充軍備的機會，由此，自對

英美開戰以後的一年多南方戰線連戰連勝，有足夠的軍備實力來迎擊英美攻勢作戰。

即便是中日戰爭為後發的日美戰爭作了準備，但是對中國戰爭的投入比率之大仍是極其重大的問題。在此，再次想要強調的是，因對中國的戰爭迫使國家財政支出巨額軍費，結果為日本軍部開始對英美的戰爭打下堅實的物質基礎，但是由此也使日本財政陷入了瀕臨崩潰的困境。

向中國戰線投入如此大量的兵力和巨額軍費這一事實，足以說明最終日本是敗給了中國。根據以上的數字分析，能夠再次清楚看到中日之間 15 年的戰爭在整個亞洲太平洋戰爭中所佔據的重要位置。

從以上統計數字可知，當時日本所處的現實，按照實際財政狀況根本不可能承擔如此高額的戰爭費用。雖然深知戰爭必將導致大量財力消耗帶來財政困境，但是仍然以國家意志發動了戰爭，對這一歷史教訓，如今是否能引起足夠的思考和反省呢？

雖然負債嚴重，仍然持續和徒勞地投入大量軍費，其結果走向自我耗盡、自我毀滅，自然是不言而喻的。

即使從實際的戰爭進展情況來看，1937 年（昭和 12 年）12 月雖然南京陷落，但是在中國政府將首都移到重慶之後，沒能夠對中國實行最後的攻擊。

雖然發動了諸多大規模作戰，但在造成中國方面巨大損害的同時，中國戰線上的日本官兵也損失慘重。可以說中日兩國應對戰爭的方式有很大的不同，在中國各地展開了大量的游擊戰、消耗戰。

日本侵略軍直到最後也沒有取得勝利，而是被動捲入中國

方面的攻勢作戰中，吞食著事實上的戰敗苦果。可以說當時的處境是，面臨註定的戰敗雖想要撤軍，但已深深陷入沼澤而欲拔不能，以至陷入了持續損失兵力、加劇國力耗竭的困境。

中日 15 年戰爭自以柳條溝事件為起因發生的滿洲事變開始，經盧溝橋事件而發展為中日全面戰爭，耗盡了日本的主要戰力，國力亦疲憊不堪。

在戰爭開始之初，中國不堪一擊以及壓制論充滿了日本政府和軍部，輿論界和媒體也大肆宣揚對中國戰爭必勝，在這樣的國內輿論形勢下發動了侵華戰爭，陷入了如同美國對伊拉克戰爭一樣的沼澤狀態。為了打破這一困境，當時採取了對東南亞地區強行武力進攻的對策，並由此引發了對英美戰爭。總之，對英美戰爭，可以說是作為中日戰爭的延伸而啓動的。

在對中國戰爭的勝利感到絕望之時，日本政府以及軍部加緊掠取東南亞地區的戰略資源，不得不採取無限期作戰的打算。日本進行長期作戰的姿態，必然發展成與英美等國在東南亞地區的利權之爭，其結果就是對英美戰爭。如果對中國之戰如願取得勝利的話，或者可以預見勝敗結局的話，也許就不會發生對英美的戰爭了。

侵華戰爭事實上的失敗，是導致對英美戰爭的主要原因。換句話說就是，在對中國之戰的勝利期望消失的時候，日本尋求利用所有的戰機，以圖延遲戰敗的到來。

戰爭的連鎖

在過去的那場戰爭中，如果是日本敗給了中國的話，那麼，為什麼日本人不願意承認戰敗的事實呢？這是否與戰後沒

有充分闡明對中國戰爭的實情有關？或者，美國投下的兩顆原子彈對於日本人來說，那種被害的體驗是如此鮮明，是否正是由此而對中國的戰爭記憶變得模糊，甚至消失了呢？或者假設，是由於中國在戰後建立了社會主義體制，從意識上就對其輕視、而將其拋諸腦後了嗎？再進一步說，是因為對中國戰爭勝利已成了許多人頭腦中冥頑不化的認識嗎？可以說理由是多種多樣的。

但是，可以確切地說，戰後大多數日本人，對中國的戰爭無論是勝利也好，失敗也好，他們並不想仔細考慮這一問題。南京大屠殺事件以及「三光」作戰所暴露的侵華日軍的野蠻暴行長期被塵封的很大原因，可以說也是因為對中國戰爭實情的關心表現淡漠的緣故。

確實在東京審判時，已經明確了戰敗的歷史事實。應該說戰後日本人都有瞭解事實的機會。但是，正視對中國侵略戰爭的加害責任這一態度是極其欠缺的。如前所述，對於投入了巨大軍費和兵力的侵華戰爭表現出視而不見的態度，與此相反，對軍費兵力投入相對較低的英美戰爭卻給予極大的評價。

即使能夠理解和認同這些數字統計所表明的事實，但是，東京灣上漂浮的美國戰艦密蘇里號上投降簽字儀式的照片已深深地刻記在人們的記憶裏，敗給美國的鮮明印象和痛切感受實難忘卻。

在戰後日本人中，即使是不願意承認敗給了中國的人，也可以大致分成兩類。

一類是，無論事實如何，堅決抱定日本沒有敗給中國的信念。他們認為，雖然對中國戰爭投入了超過對英美戰爭的大量兵力和軍費，但日本攻破了中國主要都市也是確鑿無疑的事

實，並且在一些重大戰役中也多次取得了勝利。雖然也承認在一些小規模的戰鬥有出乎意料的損失，但是，從戰爭整體來看，日本決不是對中國作戰的戰敗者。

抱有這種認識的舊軍人，也結合自身的戰鬥體驗，雖然抱有加害中國的自責，但無論如何卻極力否認敗給中國這一事實。

另一類人是，即使能夠理解日本最終是敗給了中國，但是，堅持採取拒不認同的態度。

不過，其中有些人也認為，因為最終日本是接受了美國、英國、蘇聯和中國等發佈的《波茨坦公告》而投降的，那是確切的事實，故抱有承認對中國「戰敗」也未嘗不可的態度。

在中國戰場一些重大戰役取得勝利，並不能標示全部戰爭的勝利，所以認為是敗給了同盟國軍隊。看上去，這種判斷本身似乎是合理的。

但是，這裏隱藏著一個重要的問題。那就是，雖然承認敗給同盟國軍隊，但不承認敗給中國，這樣一種矛盾心態。

無論如何，戰後日本人不願承認對華戰爭失敗，存在有諸多歷史認識上的問題。為什麼戰後日本人不願意承認對華戰爭戰敗的歷史事實呢？對此，透過戰前戰後積極活躍的知識份子的言行，或許可以尋出這一問題的答案。

「不認為支那擊潰了日本」

在戰後的日本，罕有以戰敗的感覺談論有關對華戰爭的知識份子。例如，從明治到昭和期間的著名言論家、曾在亞洲太平洋戰爭期間擔任大日本文學報國會會長以及大日本言論報國

會會長的德富蘇峰，在日本戰敗第二年的 1946 年（昭和 21 年）8 月 2 日，發表了如下講話。

在他看來，首先，涉及對中國的戰爭，假定日本戰敗了的話，那是因爲「爲世界所憎恨的日本，要擊敗支那成爲亞洲的霸主，對此許多國家決不會坐視旁觀。至少英、美、蘇三國會反對日本，站在支那的立場上是很自然的」（德富蘇峰《終戰後日記》，講談社，2007 年）。在日本決定發起對華戰爭時，沒有料想到與這三個國家的戰爭，認爲是當時政府和國民缺乏預見的問題。

德富得出如下的結論：「如此這樣，最終，日本受到支那的牽制，以至進退兩難，最終無條件投降。雖說如此，我們不認爲支那擊潰了日本。適當地說，只能說是天助支那來滅亡日本。」

德富不承認日本敗給了中國，而認爲是由於政府和國民缺少預見，或者是本不希望發生的與美、英、蘇的戰爭而導致了戰敗。德富的這種對中國戰爭的認識觀，蘊涵有其一向持有的中國否定論，或者蔑視感。即使沒有這些，我認爲，這一論點也表現出不能徹底反省日本侵略行徑的姿態。

但是，德富的這一觀點，確實反映了戰後大多數日本人所共有的對侵華戰爭的認識。

總之，在中日兩國的戰爭中，由於英美蘇三國全都參與了中國一方，從而導致了日本的戰敗；如果是純粹中日兩國間的戰爭的話，應該出現完全不同的結果。這是一種強詞奪理的對戰敗的辯解。

我認爲，這裏所表明的認識，也與戰後日本人的「脫亞」觀有關。與日本同是戰敗國的德國，根據在歐洲諸國的攻勢下

投降的戰敗總結，決心「重返歐洲」，如今成爲 EU 的中心國。這與日本形成了鮮明的對照。

日本由於沒有總結敗給中國以及亞洲諸國的事實，無論是在姿態上還是政策上都沒有「回歸亞洲」的意願。

日本不反省對亞洲的戰爭，而是一味緊追美國，甚至可以說將亞洲不屑一顧地拋在了腦後。從這一點上可以說，戰敗後，在輿論界就已經表現出日本人崇尚美國和盲目追隨的姿態。

例如，我手頭有《國際檢查局扣押檔：戰敗時全國治安資訊》（日本圖書中心，1994 年）的資料。現將其中第 7 卷的有關內容引用如下。

這是一份鳥取縣員警總部部長給內務省警保局科長以及中國地方總監府第一部長的檔，題爲《關於針對投降書簽字儀式發表後的民心動向》（昭和 20 年 9 月 5 日）。其中寫道：「美國考慮到將來的對蘇關係，應該在政治上不會採取太強硬的態度吧。」「就日本科學的問題，限於美國對武器方面抱有警戒，但在其他方面應該會獎勵的吧。」如此等等，記載了美國對日政策的樂觀論。

與在英美戰爭時期所表現出的對美國的認識截然不同，這種易如翻掌般的轉變令人稱奇。在日本投降之前，美國飛機進入日本上空，在全國各地進行狂轟亂炸，並投下原子彈，使日本遭受了巨大破壞和損失。在日本人的心目中，對美國既抱有仇視和恐懼感，又充滿崇拜和嚮往，是一種矛盾混雜的感情，而在戰後則很容易地轉變成了單純的崇拜和嚮往。

問題是，這樣的認識培植了「敗給了美國」這一感情認識。這種感情認識沉積得越深，敗給中國以及亞洲諸國的意識

和感情就會變得愈加淡薄。

甚至丸山眞男也抱有的意識

下面看一下有關戰後日本人對中國認識方面具有代表性的言論。其中以戰後日本學者丸山眞男的言論最值得玩味。丸山在 1968 年（昭和 43 年）1 月召開的研討會上作了如下演講：

「我認爲中日關係的未來，是非常令人擔憂的問題。雖然恐懼中國並非有益，但是今後中國的工業化發展，即使在這一意義上說，如果發展成爲大國，日本必須要拼命努力。也正是爲此，動不動就依賴美國和蘇聯這種『傍靠大樹好歇涼』的想法不改變的話，無論到何時都會是惡性循環。」（丸山眞男《丸山眞男座談》第 7 卷，岩波書店，1998 年）

在這裏可以窺見今日愈加擴大的「中國威脅論」、「中國警戒論」的思想。丸山的這一演講顯然是一種內心想法的自然流露。所以眞的很想知道丸山先生對於中日戰爭持有怎樣的認識。也就是說，既然抱有中國大國化的恐懼感並非有益，那麼爲什麼又認爲「中國成爲大國的話，日本必須要拼命努力」呢？

以及，爲什麼發表這樣的演說。如果將此與中日戰爭聯繫起來說的話，就是由於日本侵略過中國，因爲給中國帶來巨大犧牲這一歷史事實而背負著某種壓力，而由於日本並沒有認眞清算這一歷史，意識中似乎潛伏著某種不安。

如果日本清算過侵略中國的歷史，並從中汲取深刻的教訓，不斷努力鋪設歷史和解道路的話，日本即使不「拼命努力」，依然可能與中國建成互利互惠的關係。

　　產生恐懼感和警戒感，與其說這是來自對方的態勢，不如說是出於自身沒有清算過去的歷史和不能贏得對方信賴，由此感到的不安和自疑的心態。

　　所以，為了不用依賴「日本必須拼命努力」就可以心中坦然，不再愧怍，中日歷史和解是面臨的緊要課題。

　　在丸山演講中所顯示的中國大國論，或者社會主義國家中國的發展帶給日本的壓力，更加抵消了戰後日本人對加害中國的認識，或者加害的記憶。

　　也就是說，故意製造輿論，明示現在的中國不是過去與日本進行戰爭時的中國這種掩耳盜鈴的做法，其實是極力弱化自身的加害體驗和加害事實，是罔顧歷史的自欺欺人意識的表現。

　　故意將戰前中國和戰後中國加以區別，我感到這是無意識中逃避加害中國的意識。無論如何，日本帝國主義所傷害的是在中國這塊土地上生活的中國人民，而加害的對象和歷史事實不會因該國體制的變化和時間的流逝而隨之改變的。

欠缺的視點

　　包括知識份子在內的日本人對中國的認識，大都缺乏一種從正面去看待中國的觀點，故客觀地看待歷史尚做不到，談何深入、公正？而這主要有以下幾個原因。

　　第一個原因是，強詞奪理的歷史解釋依然盛行。這是狹隘的一國主義觀在起作用，是排外的國家主義。

　　解讀歷史，不是將我們的思維陷入閉塞的觀念之中，而是應該汲取過去的教訓，找出有益於現在和實現未來的素材。在

這方面，特別是戰後日本人，在解釋中日戰爭這一點上，狹窄的一國主義歷史觀表現得非常明顯。

第二個原因是，戰後許多日本人對中國的觀念並未從以前的錯誤認識回到正軌，對中國向來的偏見以及主觀的評價仍佔據主導地位。

第二章介紹的從幕府末期到明治時期的思想家們所論述的中國觀，從敬畏與學習到輕蔑和歧視的轉變，其後果在中日戰爭期間更加突出地表現出來。即使在日本戰敗之後，也幾乎沒有什麼改變。這種在日本人意識中日漸固化的偏見，甚至在中日兩國邦交正常化以後，雖說有糾正這種觀念的意向，但是似乎需要花費相當的時間。

進而，在當今中國越來越明顯的「大國化」這一新的形勢中，顯而易見對中國的觀念又揉雜進了其他因素，也就是說，開始對中國的強大抱有恐懼感或警戒感的複雜感情。不可否認，這將有可能成為阻礙加深歷史認識以及增進中日歷史和解的障礙。

在這裏所說的歧視意識並不是僅僅從存有偏見的意義上來講的。即有些看法並不是毫無根據，不必無條件地美譽中國的抗日戰爭，其中，也必定有許多中國人之間的醜惡爭鬥以及非人道的行為事例。

雖然這一類的指責或埋怨的確事出有因，但是中國人民在抗日這一大目標面前團結一心，集合全體人民的力量構築抗日統一戰線，阻止並最終打敗了侵華日軍，這是無可爭辯的歷史事實。

中日戰爭是日本所發動的以壓制中國為目的的侵略戰爭，當然，從中國方面來說就是阻止和反抗侵略的抗日戰爭，這是

鐵定的歷史事實。

　　由此，中國人民便通過抗日戰爭愈加團結，而侵入中國的日本士兵，對中日戰爭的目的和性質等抱有懷疑，便逐漸變得厭戰情緒增大，由此，發生了諸多如上所述的軍內暴力事件。

　　在日本士兵中，確有許多人和部隊體驗到了在一些具體戰鬥中的勝利。但是，即使在諸多戰鬥中獲勝了，日本最終戰敗卻是歷史事實。不想承認戰爭中敗給了中國，實際上仍然是不願正視中國，或者說，因為有不想面對的創傷。

　　像這樣的日本人，恐怕其內心是百感交錯、十分複雜的。戰敗是誰也無法挽回的事實，必須要接受它。但是，將自己的戰爭體驗全部僅僅作為戰敗體驗銘記和回味，依然難以接受。

　　總的來說，即使不將痛苦的戰爭體驗加以美化，將自己人生中十分珍貴的一個時期濃縮到戰敗體驗中是難以忍受的。那麼，各個戰鬥中的勝利體驗，以及通過相信「聖戰」這樣的戰爭大義，想要肯定自己的出征體驗，這樣的心情也是情有可原的。

　　與美國的戰爭也同樣，不願以完全的戰敗來否定那一時期的經歷。那時，由於抱有對中國之戰「勝利」了這種實際感受，從而能夠尋到一條彌補戰敗創傷的心理安慰。但是，這是一種虛構的「勝利」體驗，是一種精神勝利法。

　　第三個原因，與中日戰爭的性質和表現形式有關。由於中日之間是一場極其漫長的戰爭，在戰爭狀態趨於常態化的情況下，有很多日本人認為中日戰爭本身不像是戰時，而是近乎平時的感覺。

　　與戰地相隔遙遠，只是通過報紙等媒體傳來的戰況以及中國方面的信息，像日常生活內容的一部分。在這樣的情況下，

愈加釀成了厭戰情緒，與此同時，戰時和平時的感覺變得曖昧。

對於戰後日本人來說，將與中國的戰爭劃分戰時與平時的界限並不容易，一直是十分曖昧的。到迎來了「終戰」為止，究竟日本何時與中國開戰的，又是怎樣結束的戰爭，並沒有清晰而統一的認識。

與美國的戰爭是因襲擊珍珠港事件引發的。在軍艦鳴笛的迴響中，「本日拂曉，帝國陸海軍在西太平洋進入戰鬥狀態」，聽到這一大本營開戰速報的日本人，應該有一種接觸到戰爭開始瞬間的實感。

因美國投下兩顆原子彈帶來的精神上的巨大衝擊，以及廣播中日本天皇宣佈「終戰」的聲音，這同樣也是有切身感受的。與這種鮮明的開戰和終戰的形式相反，標誌著中日戰爭開始的滿洲事變，是在相對久遠的 1931 年 9 月 18 日的事情。

因為並不是持續處於交戰狀態,所以很難將從 1931 年到 1945 年的中日戰爭看作是與對英美戰爭同樣的戰爭。由於長期戰爭而形成一種「習慣了戰爭」或無關痛癢的心態，這也是直到戰後對侵略中國的戰爭極不關心的原因之一吧。

第四個原因，也是我最想強調的，這直接關係到對中國的戰爭最初究竟為何引發的問題。如果先說其結論的話，由於是「大義之戰」，在日本戰敗的同時，開始有意無意地將中日 15 年戰爭忘掉了。

至少，與明治國家近代化政策同時進行的、為確保對中國統治權而採取的國家行動，最後是承受了全盤失敗這樣的歷史體驗。

戰前國家與明治國家內在的暴力和壓迫論一脈相承，對內

強行對「臣民」進行呵斥以至壓制，對外大力推行殖民地統治，奴役別的民族。這種狀況持續演進，一直憑藉著戰爭這一國家暴力行為。對中國的侵略，可以說是自明治國家開始的病理的發展。戰後，我們用法西斯主義以及軍國主義等用語來對這樣的病理加以批判。

日本軍國主義的最大受害者是中國人民，有關中日戰爭史和關係史的研究都在證明這一點。而另一方面，在各項領域中也總是有人試圖忘卻或掩蓋過去的歷史，反覆不斷地對歷史事實進行淡化和曲解，甚至乾脆否認。

中國從 1945 年到 1949 年之間，陷入了內戰狀態，這對於戰後的日本人來說倒是有利可圖的。之所以這麼說，因為日本軍國主義需要面對被害者的問題被擱置起來，確認加害意識的機會如同完全消失了一樣。

對於曾為侵略者和加害者的日本人來說，好像加害對象不那麼明確了，從視野中消失了，從而獲得了從加害體驗中解脫的機會。

反過來，由於廣島和長崎遭受原子彈襲擊，自身抱有強烈的被害體驗，進一步助長了日本從加害體驗中得以解脫。這也是消除了敗給中國這一認識的原因之一。認為日本原本不是對中國的加害者，故也不是「戰敗者」，這樣的認識深植於戰後日本人的心中。由此，無法達成敗給了中國這樣的認識。

2. 德國和日本

「原子彈是神的保佑」

這句話可以與戰後日本人象徵戰爭記憶的、遭受原子彈襲擊的體驗聯繫在一起考慮。

例如，在廣島和平公園裏銘刻著「不再犯第二次過錯」這樣的話，頗值得玩味。語句表示的「犯過錯」，是句曖昧的和典型的不確切表述。「過錯」是誰的？讓人感到這裏脫落了主語。

不能確定這種無主語的表現是不是故意所爲，並且也故意不明說是什麼「過錯」。這裏是說侵略戰爭的「過錯」嗎？或者還是說日本戰敗了的「過錯」？或者是在說投下原子彈的「過錯」呢？還是在意指整個戰爭的「過錯」？寓意費解，卻又引人思索。

很可能是有意選用了曖昧的語句。在這樣的地方刻下這樣的句子，有一點是可以明確的，那就是遭受原子彈轟炸的遇害者，肯定是由於某種「過錯」被殘害的。

問題是，「過錯」的主體、原因以及對象全都是曖昧的，這是不願意講述自身也要擔負的加害責任。這種曖昧的深處也隱含有這樣一種認識，那就是日本是遭受到美國原子彈轟炸而戰敗的。

美國最終決定投下原子彈，其原因有迫使日本軍國主義儘快投降、防備蘇聯對日本的進攻和佔領，以便單獨佔領日本的

考慮。這些已在有關歷史文獻中得到證實。

另一方面是，從日本的角度來看，導致最終遭受原子彈轟炸的境地，毫無疑問也是日本軍國主義一手製造的悲劇。可以說原子彈受害者同時也是日本軍國主義的犧牲品。

但是對於遭受日本軍國主義的侵略戰爭而犧牲的以中國為首的亞洲各國人民來說，同時也包括日本的原子彈受害者們，將日本國家視為加害者是極其自然的。

在此舉一個新加坡的事例。

1942 年 2 月 15 日，新加坡（當時的英屬馬來亞）落入日本軍手中。在日本的佔領政策下，打著「肅正」旗號進行了侵掠。也就是對那些被視為支援中國抗戰的住在新加坡的許多華人和當地人民進行的「肅正」，據記載有 6 萬新加坡人犧牲。

在位於新加坡的聖陶沙島（Sentosa island）的戰爭資料館裏，通過各種各樣的陳列品展示，表明了從佔領到解放的歷史過程。我去那裏參觀已是 20 年前的事情。那是 1988 年春天，我到聖陶沙島訪問時，專門參觀了戰爭資料館。在陳列品的最後，有一幅起到裝飾作用的巨大的蘑菇雲照片，照片中央印有用漢語和日語寫的「原子彈是神的保護」。據說現在已經去掉了。

對於新加坡人民來說，只有對日本投下原子彈，自己國家的人民才能從強盜佔領以及恐怖的「肅正」中解放出來。「原子彈是神的保護」，正是表明了新加坡人民的這種真情實感。在此所表現的是將日本國和日本人視為加害國與加害者。

如果追究投放原子彈的原因，從根本上說是由於日本軍國主義。因為遭受原子彈而僅僅聲稱被害者的體驗，卻忘記了自身的加害責任，這樣下去只是更加矮化貶低自己。軍國主義是

導致了廣島、長崎遭受原子彈的根本原因，如同文字表述所形容的一樣，日本人用自己的手向自己的身體「投下了原子彈」，我認為，這種形容是極其正確的。

應該與亞洲太平洋戰爭作為一體考慮的中日戰爭，其起點毫無疑問是 1931 年 9 月 18 日發生的滿洲事變。英美戰爭是由滿洲事變開始的中日 15 年戰爭的延續，這兩場戰爭雖然展開的地域不同，實屬同一場戰爭。

承認敗給中國的事實，也就意味著導致投放原子彈的政治判斷的問題要受到追究。戰後日本人，在談論和承認侵略戰爭的加害責任的人中，難道有誰將投放原子彈的責任作為問題焦點來談論的嗎？

的確，投放原子彈是美國不加區別的狂轟濫炸的結果，是慘無人道的暴行。在這方面，毫無疑問應該追究決定投放原子彈的美國政府的責任。

但是，為美國投放原子彈提供藉口和理由的，是日本軍國主義者和他們發動的侵略別國的戰爭。

承認過去的戰爭首先是敗給了中國，繼而踏入了對英美的戰爭，最後導致引發美國向日本投放原子彈，這應是順理成章的事情，必須正視這一系列的歷史事實。若不如此，「不要重演廣島慘劇、不要重演長崎慘劇」的口號，將不能夠超越時間和空間，沒有持久的意義。

這一口號，不僅是由於被害體驗，同時也作為包含有更多的加害體驗、加害事實和希望世人從中汲取教訓、實現恒久和平的口號，引發了世人共鳴，刻記在人們心中。

不願承認敗給中國的人們，同時也不願以真誠的態度看待投放原子彈的真正原因。承認敗給中國，馬上聯繫到追問日本

軍國主義的戰爭責任，同時也會追問導致投放原子彈的根本原因，即所謂「原子彈投放責任」。

將過去的戰爭說成是「正義的戰爭」、是爲了亞洲解放的「聖戰」的人們，其持有的歷史認識中是否也包括日本軍國主義和原子彈投放責任的問題呢？正因爲他們從未有這樣的認識，所以不願承認日本軍國主義的戰爭責任，不願正視敗給中國的歷史事實。

在亞洲民眾的抗日戰爭和反殖民地運動中，日本整體上敗給了中國。這是由於明治近代國家步入歧途所導致的惡果。只有確認這一歷史事實，才能夠期待深化歷史認識，汲取歷史教訓。

針對日本歷史認識這一點上，包括中國、韓國、朝鮮等諸多的亞洲國家及民眾，都提出了嚴厲的責問。

隱瞞和否定歷史

不願承認敗給中國，與不願承認日本軍所犯下的諸多戰爭罪行是同出一轍的。如上所述，其典型的事例就是再三提起的南京大屠殺事件（1937 年 12 月）。圍繞該事件有各個方面的爭議。

首先，是對有關事件本身的眞實性的爭議；其次是即使承認確屬眞實事件，也對事件發生的原因及受害的中國人數量等持有爭議（或強調其不可避免性，或認爲受害者數量被誇大）。在大量事實面前，對南京大屠殺事件本身完全持否定論者已經完全站不住腳。有關犧牲者人數的統計，中國方面發表的數字和日本研究者（雖說是研究者，也因站在各種不同的立

場上數字差異很大）之間依然有很大差距。

我個人開始著手研究南京事件是在 1986 年 9 月訪問南京時，當時參觀了南京事件紀念資料館，以及在市內各地屠殺現場建成的紀念碑。

1937 年 12 月 7 日蔣介石逃出了南京，據查證，當時南京有警備軍約 15 萬名，南京城內外住有約 40-50 萬名普通市民。

進行南京掃蕩作戰的中支那方面軍，根據「對待捕獲的俘虜，可以在當地作出處決」的命令（南京戰史編集委員會編《南京戰史資料集：中島今朝吾日記》偕行社，1993 年增補改訂版）進行掃蕩。第 16 師團長中島中將按這一方針，實行徹底殲滅俘虜、屠殺市民，這是確鑿無疑的事實。

事實上，駐紮在南京的國際紅十字會的有關人員，通過美國以及印度的媒體迅速將事件傳向國際社會。當時，日本國內對此一無所知，大部分國民是在戰後才獲悉南京屠殺的事實真相。

日本對於南京大屠殺事件，在戰爭期間和戰後通過各種各樣的方式加以隱瞞，因此，有關查明真相的措施和研究十分落後。如今，對南京大屠殺事件殘殺的中國人達 20 萬已經開始達成共識。

另一方面，與日本陸軍有關的偕行社，為了證明南京大屠殺是虛構事件，要參與南京作戰的原出征士兵寫手記，編輯發行了《南京戰史》（偕行社，1989 年）。然而弄巧成拙，結果適得其反，收集到的許多手記內容揭發並指責了侵華日軍的野蠻暴行。

在偕行社的《南京戰史》中，提到南京事件受難的中國人為 6-7 萬人。雖然事實上承認了日本軍違反國際法的殘忍暴行，

但是過低估計犧牲者人數，試圖減輕和遮掩這一重大殘暴的犯罪事實。

在缺少充分證明南京事件真相的客觀資料下，想要過於強調事件的重大程度，對一些沒有經過充分查證的資料及證言濫加引用的情況不在少數，這也會令人疑惑，反而引發南京事件虛構說的輿論。

誠然，人們必定期待資料本身以及引用是確鑿無疑的。但如果僅僅因為資料方面的某些瑕疵，或因查證過程中有誤，就顛倒黑白想要否定南京事件的做法，可以說是完全不合乎倫理的。

既然如此，為什麼一部分人要如此固執地堅持否定南京事件呢？那是由於南京事件是日本對中國戰爭的一個重要部分，從事實上提供了那場侵略戰爭的性質的充分證明，所以必須加以否定或者修正。

正如中島第 16 師團長的日記中所記述的，無視《日內瓦協定》，對於自我解除了武裝的中國士兵也不按俘虜待遇，「可以在當地作出處決命令」，也就是由現場軍人的命令來決定殺害。所以，南京事件從一開始就是殘殺包括一般市民在內的中國人民的戰爭暴行。

關於一般士兵虐殺中國人的事情不僅僅是傳聞，參與侵佔南京的士兵自身留下寫實記錄，現對其中一部分加以介紹。

《記錄南京大屠殺的皇軍士兵們第十三師團山田支隊的戰中日記》（小野賢二、藤原彰、本多勝一編，大月書店，1996年）中，刊載了與南京事件有關士兵的戰中日記。下面引用日期為 1937 年 12 月的幾篇日記的摘要。

順便提一下，所謂第 13 師團是屬於上海派遣軍指揮下的

師團，山田支隊，是隸屬於該師團步兵第 103 旅團的步兵第 65 聯隊基幹部隊，在攻佔南京的戰鬥中，是極其殘暴、有組織地殺害俘虜數量最多的部隊。

12 月 15 日

午前 9 點開始與伍長兩個人外出徵發，沒有發現任何異常，拿到一册唐詩三百首，已經 5 點。看到在長江沿岸對俘虜執行槍決，一次處決三四十名。（堀越文男戰中日誌）

12 月 16 日

警戒愈加嚴密，儘管如此，午前 10 點第二中隊和衛兵換崗，稍微安心。但是在午飯期間發生火災引起極大躁動。午後 3 點大隊決定最後執行，將俘虜的 3000 士兵帶至長江岸邊射殺，這是在戰場上做不到、也看不到的景象。（宮本省吾戰中日記）

12 月 18 日

午前零時，接到了進一步消滅殘兵支隊的出動命令。輕裝上陣，沿途遍地屍體，我們在數不清的敵兵的屍體上行進，迎面吹來的陣風多少帶有血腥味、充滿了殺氣。對長江沿岸捕獲的一批俘虜執行槍決。（齊藤次郎戰中日記）

將中日 15 年戰爭，認爲是中日兩國間的事變或者紛爭，而不是戰爭，因此不受國際法以及國際社會的規則和道德的制約，這種自我判斷和認識在南京大屠殺中暴露得淋漓盡致。

同時，在日本近代化過程中，教育和宣傳一貫對日本人灌輸對中國人蔑視和歧視的感情，這次事件也是長期以來對中國人蔑視感情的一次爆發。

歸根結底，承認南京事件，同時也就是承認了近代化過程中日本人接受灌輸的暴力性和壓迫性等，承認日本的近代化是一

種排外民族主義。

　　南京事件否定論者所懼怕的是，這是涉及有可能全部否定戰前期國家，或者天皇制國家的重大問題。在此想要提示的是，南京事件所表現出來的是近代日本國家的本質，南京事件可以說是日本作為國家犯罪的重大事件。

謝罪要到什麼時候為止？

　　在考慮中日戰爭方面，總是纏繞著「日本謝罪要謝到什麼時候為止」的疑問。雖然向包括中國在內的曾被侵略過的各個國家及其人民，反覆不斷地以言語及行動「謝罪」，但究竟何日方休呢？一定要持續下去嗎？這種疑問產生了某種逆反心理。

　　從宮澤喜一內閣開始的謝罪一詞，到所謂的「村山談話」為止，持續進行了一系列的謝罪。令人遺憾的是，似乎這些謝罪並沒有充分傳達給對方。

　　為了將謝罪真實地傳達給對方，僅僅靠言語和單憑文書有時是極其困難的。在此，感情和實際行動是必不可少的。所謂感情，就是加害者要能夠面對被害者一方，撫平被害者心靈的創傷，使其確信不會再重覆受到傷害的經歷。所謂實際行動，意味著為了使這種確信和安心永久持續下去所採取的具體措施或者政策。

　　謝罪者，即加害者的日本政府及其國民，的確到目前為止不斷重覆地通過言語、談話以及文書表達謝罪。即便如此，由於不能夠反省過去和承擔戰爭責任，因此也就不能讓被害者在感情上認同和接受。

　　例如，一方面宣言不再成為侵略國家，卻又依然參拜軍國主義思想再生之源的靖國神社。作為日本軍國主義象徵的東條英機等戰犯合祀在那裏，這種不顧中國等遭受侵略國家人民的感情的做法，給被害一方帶來不信任和不安。

　　還有企圖修改基於反省侵略戰爭而制訂的日本國憲法的活動。一邊發誓不再保有軍隊，而事實上卻又擁有名曰「自衛隊」實則數量之巨也為世界少有的軍隊；以及可以說是強制愛國主義的「教育基本法」的改正等等。觀察一下最近日本的動向，從亞洲諸國來看，難免要憂慮日本企圖再次成為軍事大國。

　　我認為，如果真正想要從過去的戰爭中汲取教訓，日本就不應該推行實施上述的一系列政策，不應該高揚排外主義和民族主義。

　　我曾再三比較德國，同是戰敗國的德國，戰後努力反省過去，排除對侵略戰爭的自我肯定，可以說徹底追究了侵略責任以及納粹所犯下的罪行，這種從實際行動上表現的謝罪體現了深深的誠意。因為德國完全接受這樣的現實，那就是若不如此，歐洲各國將不會原諒德國所犯下的暴行。

　　再者，如果德國不能如願加入北大西洋公約組織（NATO）、融入西方陣營的話，那麼戰後將不可能獲得經濟發展和政治穩定。鑒於這樣的形勢，德國向以往被侵略過的國家進行了徹底的謝罪，做出防止再次發生戰爭的宣言。

　　從其背景來看，德國人通過大選合法地承認納粹黨為第一黨，納粹黨的黨首希特勒發動戰爭，給歐洲諸國造成巨大損害，德國人必須將此視為自己的責任。由於事實上擁護和助長了納粹的犯罪，其國民已深刻認識到戰爭的危害或者加害責

任。

在德國，比起對於一般戰爭的責任意識，人們對於納粹犯罪的責任意識負疚感更深，正因如此，這種非常具體的戰爭認識極其深刻。

戰後德國領導層和人民能夠首先做到反省侵略戰爭或者戰爭犯罪這一問題，將納粹的犯罪作為自身的問題來對待，勇敢面對歷史。因此，德國對過去的戰爭認識基本表現為既具有身為加害者的自覺意識，同時抱有對被害者進行補償的真誠感情。

即使在今日，德國依然注意保持徹底的反納粹思想，即使在法律方面也有嚴格限制，以杜絕納粹思想和軍國主義的再生萌芽。

戰後德國一直堅持不斷地自我揭露戰爭犯罪和戰爭責任。例如，清算以虐殺猶太人為主的納粹犯罪，在西德聯邦補償法（1956 年制定，1966 年修訂）中制定了支付總額達 796 億馬克的補償費，並制定了德國、波蘭和解補償法（1991 年制定）等，依據這些法律，一直持續補償戰爭受害者。

這樣的戰爭補償，即使在進入 21 世紀的今日仍在繼續進行。據說補償總額已累計達 1223 億馬克（相當於 9 兆 7840 億日元）。

但是，雖說德國從國家整體上對侵略罪行及戰爭責任進行了謝罪，並不意味著在德國國民之間，圍繞戰爭總結只是同一種意見。事實上，在反覆不斷地追究希特勒犯罪的同時，企圖美化希特勒的功績或相對減輕希特勒罪責的也大有人在。

在這些人看來，希特勒建設了德國無限速高速公路（Autobahn）等，對國家的基礎設施投入了大量公共資金，促進了社

會福利，對德國社會的近代化做出了貢獻。

此即所謂的「近代化的相對化」，這方面的爭議，已經在1980年前後悄然開始了（Wolfgang Wippermann著、增谷英樹譯《德國戰爭責任論爭：德國『再』統一和納粹主義的『過去』》，未來社，1999年）。即使在日本，也出現同樣的傾向，即在「殖民地近代化」論中，反覆強調殖民地統治促進近代化的評價，從而相對地減少對殖民地的加害責任。

在這樣的動向中，1986年夏，在德國發生了社會學者尤爾根‧哈伯瑪斯（Jürgen Habermas）和歷史學家恩斯特‧諾爾特（Ernst Nolte）之間的所謂「歷史家爭論」。諾爾特提出了對納粹的犯罪德國人要謝罪到何時為止的疑問，並為許多人所接受。

哈伯瑪斯則強調戰爭責任的無時效性，認為如果不堅持追究納粹的犯罪，就是允許納粹再次復活抬頭。最終絕大部分德國人接受了哈伯瑪斯的主張。總之，對於德國人來說，深感應從正面接受納粹的犯罪，正視這一問題，加深認識並決心不再重蹈戰爭覆轍。

也許是作為對過去的戰爭反省的一環，2006年6月，在德國召開世界盃足球賽（W杯）之際，在紐倫堡的弗蘭肯體育場（Franken stadion，Nürnberg）日本隊對克羅地亞的比賽的賽場，周邊有23處設置了展示過去德國犯罪歷史的實物。不必說，紐倫堡市曾以判定德國犯罪的紐倫堡審判而聞名，是審判戰犯的法庭所在地。

在該市擔任廣播宣傳的茨厄魯漢法，在比賽之前談到舉辦這次展示的目的時說，「為了不再給法西斯主義第二次機會，W杯是向下一代傳播歷史的絕好機會。」（《中國新聞》2006

年 4 月 21 日）。

與此相比，日本由於在戰後與美國簽署了安全保障條約，建立了與美國的親密關係，加入了美國陣營，所以不急於通過亞洲外交來修復與亞洲國家之間的關係。日本在從屬美國的情況下，開始了戰後的國家再建，並且取得了高度經濟成長。這種從屬於美國的政經架構，使日本減少了與亞洲的接觸。

日本一直沒能夠認識和感受敗給中國這一歷史事實。1972 年 9 月 29 日中日兩國發表共同聲明，恢復中日兩國邦交正常化，實現邦交正常化更讓日本人產生一種對中國的戰爭責任問題由此終結的錯覺。加之在日本從屬於美國的背景下，日本人自身的戰爭責任意識，以及反省過去都變得更爲困難。

像這樣的戰後政治過程，爲日本創造了一種不反省戰爭責任、無視亞洲人民感受的大環境。由此，雖然在中國及亞洲諸國人民的反對和抗議下，現任首相依然強行公開參拜被稱爲日本軍國主義思想再生之源的靖國神社。

面對參拜靖國神社招致的亞洲各國的反對和抗議，表現的反應僅僅是「干涉內政」論，以及應堅持「日本固有的文化和傳統」這種強詞奪理的辯解。所以，有必要對戰後日本政治和歷史總結的狀況，再次返回原點加以梳理和反省。

東京審判和帕爾（Pall）審判員

「沒有敗給中國」這一認識，同時也與否定東京審判將中國作爲戰勝國、東京審判否定論或無效論的觀點聯繫在一起。有關東京審判否定論的產生背景，可以列舉出各種各樣的理由。在東京審判的過程中，作爲裁判管轄權（裁判被告的權利

以及範圍），規定了「對和平的犯罪」、「通例的戰爭犯罪」、「對人道的犯罪」，這些是衆所周知的。

　　所謂「通例的戰爭犯罪」，是指虐待俘虜、殺害平民、掠奪財物等行爲的犯罪，而其他另外兩項犯罪在當時接受《波茨坦公告》時尙不存在。對此，有人便指責說，這兩項犯罪是同盟國爲了對日本進行審判而任意制訂的法律。

　　從法理上來說，的確後來制訂的法律用來追究過去的行爲，是與「法不溯及旣往」這一近代法的大原則相違背的。

　　但是，對事實加以深入整理分析可知，這一論調也犯有決定性的錯誤。同盟國的戰爭犯罪處罰政策，由於融合了同盟國諸國的認識觀點，只能是達成基本戰略上的一致。對同盟國來說，出於反法西斯戰爭這一共同的目的，在德國戰敗後的大戰末期引入統一的戰爭犯罪處罰政策是必要的。

　　也就是說，與美英蘇三國的波茨坦會議並行，1945 年 6 月 26 日起在倫敦召開了美英蘇加上中國參加的倫敦會議，8 月 8 日締結了「關於歐洲各軸心國的主要戰爭犯罪人的追究及處罰協定」（倫敦協定）。

　　由此，在從來的「通例的戰爭犯罪」的處罰條款上，增加了認定計畫、準備、開始施行侵略戰爭爲「對和平的犯罪」，以及戰前或戰爭中殺害、虐待平民等非人道行爲的「對人道的犯罪」，這兩種罪行被認定爲新的國際法上的犯罪。根據這一框架，紐倫堡法庭和遠東軍事法庭（東京審判）進行開庭審判。

　　發佈《波茨坦公告》是在 7 月 27 日，日本最終接受《波茨坦公告》是在 8 月 14 日，在此時，「對和平的犯罪」以及「對人道的犯罪」已經制訂出來了。

　　因此，東京審判的審判員中，只有 1 人主張被告全體無罪，這就是來自印度的帕爾審判員。他指責起訴書違反了「法不溯及既往」這一近代法大原則的觀點，不能據此判被告犯罪。這是圍繞法理問題的辯論，也是關於國際法上的合法性的問題。

　　憲法學者橫田喜三郎等，承認純從裁判觀點而論以事後訂立的法律溯及既往固有可議，但同時強調了東京審判是為防止侵略戰爭的「國際法上的革命」，故主張與其論述東京審判依據的是否為原有的法律，更重要的是在審判終了的今日，應慮及進行合乎法理的審判的國內以及國際的條件是否成熟。

　　進而，關於東京審判的國際意義，橫田論述道「給世界歷史帶來劃時代的一頁，將對未來人類產生絕對的影響」（《中央公論》1948 年 9 月號）。

東京裁判。

在明確這種具有權威性見解的情況下，依然無視「倫敦協定」的存在，過高評價帕爾審判員的意見是值得質疑的。顯而易見其中所掩飾的真正意圖，就是通過闡述東京審判的不正當性，對東京審判所判定的日本侵略行動進行自我赦免。

即使是帕爾審判員本人，也只不過是依據法理上的觀點主張被告無罪，從帕爾留下來的著作中可以明確，他完全沒有否定日本侵略戰爭的意圖。

另外，有時可以看到「將中國作為戰勝國的東京審判無效」的意見。第二次世界大戰中，毫無疑問蔣介石代表的中國是同盟國成員，是參與倫敦協定審議的一員。另外，中國有各種統計數字表明，在這場戰爭中，中國約有 1500 萬人的犧牲者，可以說是在迫使日本走向戰敗中發揮巨大作用的國家。

在此想看一下另外一個與東京審判有關的問題。那就是作為東京審判否定論的理由而提出的「合夥共謀」的問題。在東京審判中，認為日本侵略中國大陸是共謀行為，對此指出了「滿洲國」建國（1932 年）這一侵略中國大陸的典型事例。

東京審判否定論者，將日本「進入」中國大陸，看作只不過為了附和在中國東北地區實行清朝復辟的愛新覺羅・溥儀的強烈願望，而提供的援助行為。對此，在東京審判開庭之時，同盟諸國中美國提出「合夥共謀」罪的建議，在倫敦協定中被採納。

所謂「合夥共謀」罪，就是有關侵略戰爭以及戰爭犯罪，「不需要有犯罪全體過程中每個犯罪行為的主觀要件，只要是參與犯罪的全體計畫，僅此一項就可認定犯罪成立」。

根據歷史事實，日本的意圖是通過滿洲事變開始發動侵略戰爭。也就是說，讓中國領土一部分的中國東北部（滿洲）獨

立，在此把握實權以作為進攻蘇聯的橋頭堡及壓制中國的據點。東京審判將日本這種具體的擴張計畫以及侵略計畫判定為「合夥共謀」罪。

在日本領導層中，雖然不能說共同且一貫地持有徹底的侵略思想和擴張政策，但是至少從 1931 年以後日本對中國的整體政策上來看，可以確認其行為符合在此所說的「合夥共謀」罪。

在此，從政治上利用清朝末代皇帝愛新覺羅·溥儀的復辟願望，即使表面上「滿洲國」實行獨立，但日本把握了「滿洲國」的實權，這是無可辯駁的事實。

中國革命勝利後，在記述中國共產黨革命歷史時，確實將抗日戰爭勝利大部分歸功於共產黨領導的成果，內容引人注目。其目的是為了向全國人民普及革命思想，為了捍衛社會主義國家而進行必要的政治教育。

針對日本現任首相公開參拜靖國神社的行為，曾經在中國國內激起強烈的反日運動。尤其是，2003 年 3 月，在當時的首相小泉純一郎參拜後，中國各地爆發反日示威遊

接受審判的東條英機。

行，這再次證明了日本政府以及戰後日本人對有關歷史認識和戰爭責任問題依然是懸而未決的問題。

在靖國神社，東條英機等被處以絞刑的甲級戰犯合祀在那裏。將這些侵略戰爭的大戰犯作為英靈來祭拜這一情景，對於大多數中國人來說，無論如何也是難以接受和認同的。而另一方面，在日本國內，許多日本人對中國反日示威的本意不得其解。如此下去，不得不使人感到中日和解之路前途茫茫。

為了打破困難局面，創造和解和共生的關係，我認為，首先日本政府以及日本人應從正面接受過去的戰爭教訓，承認敗給了中國這一儼然的事實。

若不如此，實現歷史和解將是前景渺茫的。在某種意義上說，如果能夠確保相互經濟利益的政治解決方式失敗的話，我們必須對歷史認識的狀況進行自問反省，從而向對方顯示充分的誠意，在真正理解和諒解的基礎上達成共識。必須通過具體的行動來推動歷史的和解。

現在，通過重新思考《何謂中日戰爭？》，希望能夠解決戰後日本人在歷史認識方面有所蒙蔽的問題。我希望通過堅持推進這一工作，努力開創中日兩國歷史和解的未來。

通過不斷努力加深歷史認識，我們才能獲得正確地引用歷史和以史為鑒的資格。歷史認識是對過去事實的把握和反省，同時又是對未來方向的啟示。

在這一意義上，《何謂中日戰爭？》所探究的不僅是過去的史實，而且是認真探討「應該怎樣發展今後的中日關係」。通過長期的歷史研究，我深切感到，所謂歷史認識就是對未來的認識。

後記

　　我有兩個恩師。一個是日本軍事研究的開拓者藤原彰先生，藤原先生患病中躺在病床上完成了《餓死的英靈們》的書稿（大月書店，2001 年）。另一個是引導我對廣義上的軍事問題產生興趣的作家五味川純平先生。在某種意義上可以說，兩位恩師對工作的執著精神，支援我完成了本書的撰寫。

　　藤原先生，在中日戰爭期間作爲中尉帶兵參與對中國軍隊的作戰，並在戰爭中負傷。復員後，他從事軍事史研究，著重探討中日戰爭的本質。藤原先生根據戰場上的個人體驗，並通過豐富的資料調查以及現地考察，在撰寫的諸多著作中，論述了對中國的戰爭對於近代日本國家來說是極爲愚蠢、強行投入的侵略戰爭，是徹底消耗了日本國力的總體戰、損國傷民的耗竭戰。

　　五味川先生在中日戰爭期間也曾就任於滿鐵經營的昭和煉鋼廠，切身體驗了日本侵略戰爭的蠻橫魯莽和慘重後果，對此撰寫了《人的條件》、《戰爭和人》、《虛構的大義》等諸多作品。

　　在五味川先生所著的諸多著作中，我再次重讀了《極限狀態的人》（三一書房，1973 年發行）一書，該書的第二部「精神癌症——日本人和對華戰爭」，由評論以及與橋川文三氏等人的對談構成，字裏行間抒發著作者的內心感受，我在本書撰

寫中也抱有同感。

五味川先生這麼寫道，「正如常說的，對華戰爭無計劃地開始，進而擴大，最終敗北。在國民的意識中，也許認為最終是敗給了英美，絕不是敗給中國的這一認定的看法是不會丟棄的。」

五味川先生認為，存在於日本人意識中的「絕不是敗給了中國」這一確信不疑的感情，其背景中具有對中國缺少「敵」的意識。也就是說，長久養成的對落後的中國的蔑視感，或者說歧視意識，在表現對中國和中國人的憎恨之前，對中國有憐憫感以致沒有萌生「敵」的意識。

這裏所說的缺少「敵」的意識，產生了南京事件以及「三光」作戰（燒光、搶光、殺光）這種殘暴的掠殺行為。在本書中所闡述的，不願接受「敗給了中國」這一歷史事實，決定了日本和日本人戰後對中國的認識以及對亞洲的認識。

在另外一段中，五味川先生這麼寫道，「其實日本就是敗給了中國，正因在中國大陸失敗、由此也在太平洋戰爭中戰敗，如果日本國民能這樣認識過去的那場戰爭的話，那麼我們戰後政治思想運動的狀況一定會與現在有極大的不同。」

對「日本敗給了誰？」這一問題，只簡單地解答為「敗給了美國」，而迴避更深刻的原因，那麼這等同於我們不能從歷史中學到任何東西。因為那只是封殺歷史的行為。

解除封殺了的歷史，從被掩埋了的歷史事實中重新吸取歷史的教訓，進而努力地運用好歷史。若不如此，今後的中日關係，以及日本對亞洲諸國的歷史和解將是極為困難的。

2007年9月17日，我第二次訪問了在旅順關東軍司令部遺址開設的資料館。當天，正值「九‧一八事件」（滿洲事

變）的前一天。我與許多來參觀的中國人一起觀覽資料圖片說明，心中不禁思索，中國人將以怎樣的心情來面對 76 年前發生的「九・一八事件」呢？

　　結束參觀返回入口時，在入口的左正面牆壁上有數行大字，書寫堅韌有力格外醒目。因為接下來有預定的安排，就匆忙地將以歷史認識為題的內容拍了下來，是以下的 4 句話。

　　　人們不能拒絕歷史，因為歷史給我們以智慧，
　　　人們不能忘記歷史，因為忘記歷史就意味著對事業的
　　　背叛，
　　　人們不要漠視歷史，否則將受到歷史的懲罰，
　　　人們更不要割斷歷史，因為否定昨天就將失去明天。

關東軍司令部舊址博物館。

近年我多次去中國大陸、臺灣、韓國等地訪問，與東亞諸國的研究者以及學生們的持續交流也是我撰寫本書的一大動機。另外，我指導的一些來自東亞諸國的留學生，通過日常與他們的交流，也得到諸多有益的啓示，豐富了寫作素材。在此也表示由衷的感謝。

追記

　　2008 年 4 月初春，正值春假，我攜帶家屬去大連再次順便參觀了旅順資料館，意外地發生了這麼一件事情。當時我和家人並排參觀資料館的陳列品，從後面進來一個中國人參觀團體，有的衝著我們氣沟沟地問，「爲什麼這裏會有日本人？！」

　　從那說話的方式和態度表露了被害者內心的感情。

　　一時間，充滿了緊張、沉重、鬱悶的氣氛。當時我止不住想回答說，「正因爲我知道日本人對中國人民犯下的罪行，所以才來到這裏，想在戰爭現場重新認識歷史」。而正在這時，館員和陪同我們的中國人爲打破這異常沉悶的氣氛，馬上走到我們中間說：「這裏的展覽不單單是爲中國人的，也是爲讓日本人不忘記歷史而設立的」。

　　也許是接受了館員的解釋勸說，我望著退去的參觀團體的背影，禁不住再次深深感到，通過中國人我不僅僅確認記憶了被害的事實，加害者也有必要在同一現場接觸領悟加害的事實。

　　無論是被害還是加害，只要將兩國人民共有的歷史事實銘刻心中，我相信兩國歷史和解的大門必將會慢慢地打開。

2008 年 12 月

纐纈　厚

主要參考文獻一覽

笠原十九司《亞洲中的日本》大月書店，1994 年。

田口裕史《戰後世代的戰爭責任》樹花社，1996 年。

笠原十九司《歷史的事實怎樣認定？怎樣教授》教育史料出版
　　會，1997 年。

趙全勝（杜進・櫃內精子譯）《日中關係和日本的政治》岩波
　　書店，1999 年。

稻垣武・加地伸行《日本和中國 永遠的誤解》文藝春秋，1999
　　年。

Jyosyua・A・Fuxoogeru 编（冈田良之译）《历史学中的南京
　　大虐杀》柏书房，2000 年

鄭彭年《靖國神社 日本軍國主義的招魂幡》新華書店，2000
　　年。

高浜贊《日本的「戰爭責任」是什麼？》Asukii，2000 年。

飯田進《沒有面孔的國家》不二出版，2001 年。

鶴見俊輔等《這一百年的課題》朝日新聞社・朝日選書，2001
　　年。

加藤尚武等《現代日本論》實踐社，2001 年。

木佐芳男《何謂「戰爭責任」？》中央公論新社・中公新書，
　　2001 年。

船橋洋一《現在，如何面對歷史問題》岩波書店，2001 年。

若規康雄男《「在中二世」所看到的日中戰爭》芙蓉書房出版，2002 年。

崔吉城《「親日」和「反日」的文化人類學》明石書店‧明石圖書，2002 年。

Edowaado ‧ Miraa（澤田博譯）《橘色計畫》新潮社，2002 年。

二條大河《日本為什麼要戰爭？》新風舍，2002 年。

笠原十九司《南京事件和日本人》柏書房，2002 年。

荒井信一《？中國歷史》草根出版會，2002 年。

石平《為什麼中國人恨日本人？》PHP 研究所，2002 年。

小野寺利孝等《中國河北省的三光作戰》大月書店，2003 年。

蔣立峰‧林旭《日本 2002》世界知識出版社，2003 年。

野田正彰《背後的思考》Misuzu 書房，2003 年。

秦郁彥《昭史 2 的爭點 日本人的常識》文藝春秋，2003 年。

東亞學會《架起日韓友好橋樑的人們》明石書店，2003 年。

天兒慧《與中國如何交往？》日本放送出版協會，NHK BOOK，2003 年。

佐半藤一利《昭和史》平凡社，2004 年。

高信‧魚住昭《被矇騙的責任》高文研，2004 年。

星野芳郎《試問日本軍國主義的源流》日本評論社，2004 年。

小倉紀藏《超越歷史認識》講談社‧現代新書，2005 年。

荒井信一《戰爭責任論》岩波書店‧岩波現代文庫，2005 年。

熊谷伸一郎《為什麼談論加害？》岩波書店‧岩波小冊子，2005 年。

日中韓 3 國共同歷史教材委員會《開闊未來的歷史》高文研，2005 年。

VAWW-NET 日本《被解除的裁判》凱風社，2005 年。

小管信子《戰後和解》中央公論新社‧中公新書，2005 年。

保阪正康《那場戰爭是怎樣的戰爭？》新潮社‧新潮新書，2005 年。

黃文雄《日中戰爭不是侵略戰爭》Wac bunko，2005 年。

黃文雄《日本創造了近代中國》Wac bunko，2005 年。

謝幼田（阪井臣之譯）《抗日戰爭中，中國共產黨作了什麼？》草思社，2006 年。

進藤榮一‧平川均編《設計東亞共同體》日本經濟評論社，2006 年。

太平洋戰爭研究會編《理解日中戰爭讀本》PHP 研究所，2006 年。

秦鬱彥《歪曲的日本現代史》PHP 研究所，2006 年。

荒井信一《歷史和解可能嗎？》岩波書店，2006 年。

井上壽一《亞洲主義再考》築摩書房‧Tikuma 新書，2006 年。

讀賣新聞戰爭責任檢證委員會編《檢證戰爭責任》（1，2）中央公論新社，2006 年。

劉傑等編《超越國境的歷史認識嘗試日中對話》東京大學出版會，2006 年。

東中野修道《南京事件 解讀國民黨機密文書》草思社，2006 年。

孫歌等編《Post（東亞）》作品社，2006 年。

永澤道男《為什麼歷史認識如此不同？》光文社，2006 年。

讀賣新聞中國取材班編《膨脹中國 新國家主義和歪曲的成長》中央公論新社，2006 年。

油井大三郎《戰爭觀為何衝突？》岩波書店，2007 年。

齊藤貴男・森達也《日本人和戰爭責任》高文研，2007 年。

吉田裕《亞洲・太平洋戰爭》岩波書店・岩波新書，2007 年。

伊香俊哉《從滿洲事變到日中全面戰爭》吉川弘文館，2007
年。

佐藤卓己等編《東亞的終戰紀念日》築摩書房・Tikuma 新書，
2007 年。

子安宣邦等編《作為歷史共有體的東亞》藤原書店，2007 年。

井上壽一《日中戰爭下的日本》講談社・講談社 Metie，2007
年。

加藤陽子《從滿洲事變到日中戰爭》岩波書店・岩波新書，
2007 年。

趙無眠《如果日本勝了中國》文藝春秋，2007 年。

鶴見俊輔・加加美光行《超越無根的國家主義：竹內好再考》
日本評論社，2007 年。

加加美光行《鏡之國的日本和中國》日本評論社，2007 年。

中村義《川柳中的中國》岩波書店，2007 年。

田島英一《被玩弄的國家主義》朝日新聞・朝日選書，2007
年。

笠原十九司《南京事件論爭史》平凡社・新書，2007 年。

中文文獻

中共中央黨史研究室第一研究部編《抗日戰爭史研究評述》中
共黨史出版社，1995 年。

宋強・張藏藏・喬邊編《中國可以說不》中華工商聯合出版
社，1996 年。

鄭彭年《靖國神社：日本軍國主義的招魂幡》新華書店，2000
年。

劉志明編《中日傳播與輿論》EPIC，2001 年。

高嵐著《靖國神社的幽靈：警惕日本軍國主義復活》軍事科學
出版社，2001 年。

馬黎明編《當代日本與中國關係》天津社會科學院出版社，
2003 年。

李隆庚《中國近現代史教材改革紀程》人民教育出版社，2003
年。

林曉光《日本政府開發援助與中日關係》世界知識出版社，
2003 年。

王屏《近代日本的亞細亞主義》商務印書館，2004 年。

王濤《我們能夠超越民族主義嗎？》北京三聯書店，2004 年。

吳寄南‧陳鴻斌《中日關係『瓶頸』論》時事出版社，2004
年。

樂山編《潛流：對狹隘民族主義的批判與反思》華東師範大學
出版社，2004 年。

黃小軍‧應競麗‧王華標編《愛國主義教育概要》四川大學出
版社，2005 年。

吳廣義《解析日本的歷史認識問題》廣東人民出版社，2005
年。

李建民《冷戰後日本的『普通國家化』與中日關係的發展》中
國社會科學出版社，2005 年。

閻學通‧金德湘編《東亞和平與安全》時事出版社，2005 年。

梁啟超《中國之武士道》上海廣智書局，1904 年，中國檔案出
版社，2006 年。